LES PÉCHERESSES.

# PIVOINE

PAR

XAVIER DE MONTÉPIN.

1

PARIS
ALEXANDRE CADOT, EDITEUR,
32, RUE DE LA HARPE.

1849

# PIVOINE.

## OUVRAGES DE XAVIER DE MONTÉPIN.

**Les Chevaliers du Lansquenet** .......... 10 vol.
**Les Viveurs d'autrefois** .................. 4 vol.
**Pivoine** ........................................ 2 vol.
**Les Amours d'un Fou** ................... 4 vol.

SOUS PRESSE :

**Les Confessions d'un Bohême.**
**Les Étudiants de Paris.**
**Les Oiseaux de nuit.**
**Le Roman de la vie.**
**Gabriel.**
**Cyrano de Bergerac.**

## OUVRAGES D'ALEXANDRE DUMAS FILS.

**La Dame aux camélias** .................. 2 vol.
**Aventures de quatre femmes** ........ 6 vol.
**Le docteur Servans** ...................... 2 vol.
**Le roman d'une femme** ................ 4 vol.
**Césarine** ....................................... 4 vol.

SOUS PRESSE :

**Diane de Lys.**
**Les amours véritables.**

CORBEIL, imprimerie de CRÉTÉ.

LES PÉCHERESSES.

# PIVOINE

PAR

XAVIER DE MONTÉPIN.

1

PARIS
ALEXANDRE CADOT, ÉDITEUR,
32, RUE DE LA HARPE.

1849

# PREMIÈRE PARTIE.

## L'AVANT-SCÈNE DE BOBINO.

# CHAPITRE PREMIER.

### L'atelier.

— Olibrius ?

— Présent, maître.

— Qu'est-ce que tu fais ?

— Je broie du noir.

— Interromps ce labeur et avance à l'ordre.

— Voici.

— Donne-moi une pipe.

— Laquelle ?

— La cinquième du râtelier, — petite, — noire, — courte-queue.

— Ah ! *Joconde ?*

— Non, *Indiana,* — tâche donc de te rappeler les noms de baptême correspondant aux numéros d'ordre. — C'est bien facile :

N° 1. Bloc d'écume, *Werther.*

N° 2. Pipe turque, *Soliman.*

N° 3. Calumet, *O-jib-bé-was.*

N° 4. Pipe algérienne, *Abd-el-Kader.*

N° 5. Pipe de terre, *Indiana.*

N° 6. Brûle-gueule, *Waterloo,* — puis

*Régaillette,* puis *Biscornette,* puis *Molock,* — puis *Mogador,* etc., etc., c'est simple comme bonjour !

— Je ferai en sorte de me souvenir.

— Très-bien !

— Faut-il charger *Indiana* ?

— Pardieu !

— C'est que...

— C'est que, quoi ?

— Le pot à tabac est complétement veuf de toute espèce de *caporal*.

— Ah ! diable !

— Voulez-vous que j'aille en acheter pour quatre *monacos* ?

— Aurais-tu par hasard de la monnaie sur toi, Olibrius ?

— Aucune.

— Ah ! fichtre !

— Mais je changerai cent sous.

— C'est une idée. — Où sont-ils, les cent sous ?

— Dans votre poche, je le présume.

— Illusion profonde :

Le ciel n'est pas plus pur que le fond de ma poche !

— Comment donc faire ?

— Examine un peu *Werther* et *Soliman,* il doit y avoir des culots.

— Pas du tout.

— Où donc ont-ils passé les culots ? songez que vous en êtes responsable, Olibrius ! !

— Lodoïska, le modèle, les a pris hier, pour se nettoyer les dents, noircir ses souliers et faire des cigarettes.

— *Mordious* ! comme eût dit feu messire d'Artagnan, voilà qui est vexant !

— Oh ! oui ! !

— Enfin, qu'est-ce que tu veux ? aux grands maux les grands remèdes, — tentons la fortune ! — Olibrius, donne-moi le porte-voix.

Il est plus que temps, ce nous semble, d'expliquer à nos lecteurs quels sont les personnages que nous venons de mettre sous leurs yeux, personnages dont le dialogue précédent n'a point dû faire apprécier d'une façon suffisante la position sociale.

Deux mots d'abord du lieu de l'action.

Nous commençons à la manière des *scenarios* de vaudevilles.

La scène se passait dans un atelier, au sixième étage d'une maison de la rue de Fleurus, proche du Luxembourg.

Porte à droite donnant sur un escalier.

Fenêtre à gauche ouvrant sur une espèce de trou profond, carré et obscur, qui avait la prétention d'être une cour.

Châssis vitré au lieu de plafond.

Au milieu de la pièce, un chevalet supportait une toile de moyenne grandeur.

Un peu en arrière, une ficelle, attachée à deux clous, soutenait un rideau de toile à matelas tout déchiré.

Ce rideau coupait un des angles de l'atelier

et formait ainsi une sorte de chambre à coucher.

Par les entrebâillements, on apercevait un lit de sangle orné d'un seul et maigre matelas.

Dans l'angle opposé, sur une escabelle, un de ces marbres dont les peintres font usage pour broyer leurs couleurs.

A côté de ce marbre un petit poêle en fonte, et un mannequin en mauvais état, couronné de laurier et drapé d'un haillon rouge.

Les murs blanchis à la chaux n'avaient d'autre ornement qu'un râtelier bien garni de pipes, duquel il a déjà été fait honorablement mention, quelques armes sans aucune valeur, et deux ou trois esquisses médiocres.

Un petit buffet en bois de sapin et quatre chaises dépaillées complétaient, avec une boîte à couleurs, ce mobilier peu luxueux.

Un jeune homme de vingt-six à vingt-sept ans était assis devant le chevalet, tenant une palette et un appui-main.

C'était le maître de céans, Robert Friquet, surnommé *Fra-Diavolo*. — Nous connaîtrons dans un instant l'origine de ce surnom.

Le second personnage, celui que nous avons entendu répondre au nom d'*Olibrius*, s'appelait en réalité Jacolin, et paraissait avoir de seize à dix-sept ans.

Le soleil du mois d'août, dardant avec violence sur le faîte de la maison et sur le châssis vitré, changeait l'atelier en une fournaise étouffante ; aussi le costume de Robert Friquet, ou plutôt de *Fra-Diavolo*, (nous l'appellerons désormais ainsi) était-il des plus simples.

Ce costume consistait en une chemise de blancheur suspecte, ouverte au col et aux poignets, et en un pantalon de velours noir à larges plis, étroitement serré aux hanches et tout maculé de taches de peinture.

Des pantoufles rouges en forme de souliers à la poulaine, dissimulaient l'absence de chaussettes.

Les traits de *Fra-Diavolo* étaient beaux et présentaient un très-remarquable échantillon du type italien, quoiqu'il fût le fils d'une portière de la rue Coquenard.

Mais cette portière dont le mari était tailleur avait été jolie jadis, et, un an avant la naissance de son fils unique, elle faisait le ménage d'un magnifique Napolitain qui logeait dans sa maison.

On a vu des ressemblances plus bizarres.

Fra-Diavolo portait de longs cheveux noirs négligemment bouclés autour de son visage d'une pâleur dorée et mate.

Il abusait de la moustache aux crocs cavalièrement retroussés.

Il abusait également du col de chemise rabattu sur un étroit ruban noir et laissant le cou entièrement à découvert.

Il s'habillait volontiers d'une jaquette de velours, — il affectionnait les chapeaux de feutre, larges d'ailes, bas de forme et à cuve arrondie.

Il recherchait enfin ces *clins d'yeux* mélodramatiques, ces poses à effet, et ces allures excentriques qui font dire aux bourgeois étonnés :

— Tiens, voilà un *artisse* qui passe !

De tout ceci était résulté pour Robert Friquet le pseudonyme de *Fra-Diavolo*, — pseudonyme qu'il prenait en bonne part et par lequel il était universellement désigné.

Fra-Diavolo ne manquait point d'un certain talent.

Il faisait des pastiches assez bien réussis des œuvres de quelques maîtres, — mais, par suite d'un travers commun à toutes les médiocrités, il croyait à son génie, — prenait ses copies pour des créations et ses réminiscences pour de l'originalité.

Nous dirons plus tard quelles circonstances avaient poussé Fra-Diavolo de la loge de sa mère dans la carrière artistique.

Olibrius, rapin pur sang, doué d'une fort jolie figure, portait une chemise bleue et blanche, un pantalon de coutil, et de gros souliers.

Un petit bonnet grec en velours jadis vert, constellé de paillettes jadis dorées, était posé de côté sur sa chevelure blonde et touffue.

Olibrius était peut-être le seul être au monde qui crût fermement au talent et à l'avenir de Fra-Diavolo, aussi s'était-il dévoué et consacré à lui corps et âme.

Il lui broyait ses couleurs, — lui préparait sa palette, — lui bourrait sa pipe, — lui cirait ses bottes, — et vivait du reste avec lui sur un pied d'affection fraternelle et de sincère égalité.

Nous le verrons à l'œuvre.

— Donne-moi le porte-voix, Olibrius, — répéta Fra-Diavolo en quittant son escabelle sur laquelle il posa sa palette et son appui-main.

Le rapin obéissant fouilla dans l'un des coins obscurs protégé par le rideau de séparation, et en revint muni d'un tube de fer blanc évasé par un bout.

— Voilà ! — fit-il en présentant ce tube à Fra-Diavolo, qui s'approcha de la fenêtre ouverte sur la cour, se pencha, emboucha l'instrument, et jeta ces paroles dans l'espace :

— Hohé ! m'ame Potard ! — hohé !

Au bout d'un instant une petite voix fêlée répondit depuis les étages inférieurs :

— Quéque vous voulez ?

— Quatre sous *à fumer*, mes amours.

— Et l'argent ?

— Je n'ai que de l'or. — Vous mettrez cela avec autre chose.

— Allons, on y va.

— Le tour est fait, dit Fra-Diavolo en quittant la fenêtre et en déclamant :

> Aux petits des oiseaux, Dieu donne la pâture,
> Et sa bonté s'étend jusques à la peinture !

Puis il ajouta :

— Olibrius, prépare la boîte aux lettres, et vivement !

Ces mots : *La boîte aux lettres*, avaient sans doute entre les deux jeunes gens une signification convenue d'avance, car le rapin se munit aussitôt d'une corbeille attachée à une ficelle d'une prodigieuse longueur.

Il déroula prestement cette ficelle, et l'instant d'après la corbeille toucha le pavé de la cour.

Au bout de deux minutes la voix de madame Potard retentit :

— Voici le tabac demandé, et quelque chose avec, — dit-elle.

Olibrius bientôt hissa le panier qui apparut au rebord de la fenêtre, non plus vide, mais contenant un paquet de *tabac caporal* et une enveloppe cachetée.

— Qu'est-ce que c'est que ça ? — demanda Fra-Diavolo.

— C'est une lettre, pardine !

— Pour qui ?

— Pour vous.

— Voyons un peu. — Tiens, ça sent le patchouli ! J'ignore totalement cette écriture, mais la suscription en est agréable.

Et il lut tout haut :

*A mocieu, mocieu* FRA-DIAVOLO, *aretiste en pentur.*

*Rue de Fleurusse.* »

— Qui diable ça peut-il être?

— Dame ! ouvrez, et vous verrez !

Le peintre rompit le cachet.

Un billet plié en quatre et un papier rose s'échappèrent de l'enveloppe.

— Bah! un coupon de loge ! — s'écria Fra-Diavolo fort étonné.

— Un coupon ! pour où?

— Pour *Bobino*. Vois plutôt : *Théâtre du*

*Luxembourg. — Avant-scène des premières loges.*

— Vive la Charte! — s'écria Olibrius, — nous irons au spectacle!

— Moi, oui. — Nous, non, — répondit Fra-Diavolo d'un ton grave.

— Est-ce qu'il n'y a qu'une place? — demanda le rapin désappointé.

— Il y en a plusieurs.

— Eh bien, alors, pourquoi ne voulez-vous pas m'emmener?

— Parce que je ne le puis, Olibrius.

— A cause?

— Lis ceci.

Et l'artiste présenta à son élève le billet qu'il venait de déplier et qui contenait ces mots :

« *Vené seul, — il le fo. — Je le veu.* »

— Qu'est-ce que cela veut dire? — demanda Olibrius.

— Cela veut dire, — répondit Fra-Diavolo en retroussant sa moustache de l'air le plus conquérant, — cela veut dire que je vais en bonne fortune ! — que c'est une *fâme* qui m'écrit, et qu'il s'agit d'un rendez-vous !

## CHAPITRE II.

**Une toilette d'artiste.**

— Oui, — poursuivit Fra Diavolo en continuant d'arrondir sa moustache en croc de mousquetaire — oui, la chose est évidente, c'est une *fâme,* mais laquelle ?

« Une ancienne à moi ? — Elle s'abstiendrait totalement de ces allures mystérieuses.

« Un modèle amoureux de son peintre ?

— les modèles n'ont pas d'argent à consacrer à des acquisitions d'avant-scènes.

« Une grande dame? *une comtesse du noble faubourg Saint-Germain* comme dit Barbier le poëte ? — Cette idée folâtre me chatouille, mais je la crois erronée. — Le théâtre Bobino n'est point assez aristocratique, une marquise ne l'eût pas choisi!

« Serait-ce une actrice, une artiste, une amie des beaux-arts, idolâtre de mon physique et désirant que je la *croque* à la mine de plomb, que je la *lave* à l'aquarelle, ou que je la *poche* à l'huile, le tout dans le costume coquet de Vénus sortant du sein des ondes? — Il y a cent à parier! c'est cela même!

« Thalie m'appelle, Momus me couronne et Cupido me sourit! — vive la joie et les pommes de terre! — Olibrius, quelle heure est-il?

— Vous savez bien, — répondit le rapin avec une nuance de mauvaise humeur, — vous savez bien que la montre est chez *ma tante* où mon oncle la garde!

— Alors, décampe, *lesto-presto*, dégringole les escaliers, consulte le chronomètre de l'épicier du coin, et regarde l'affiche du théâtre à l'angle de la rue Madame, pour me rendre compte de la composition du spectacle et de l'heure à laquelle on commence!

Tandis que le rapin s'acquittait de la double commission qui venait de lui être donnée, Fra-Diavolo reprit sa place devant son chevalet, et donna quelques coups de pinceau à tort et à travers au milieu du tableau qu'il ébauchait, tableau mythologique et anacréontique, représentant une nymphe endormie, surprise peu vêtue dans un *bocage* par un Silène aux yeux ardents.

Au bout de cinq minutes à peine Olibrius reparut tout essouflé.

— Eh bien ? — demanda Fra-Diavolo.

— Il est quatre heures dix.

— On commence...?

— A cinq heures et quart.

— Et qu'est-ce qu'on joue?

— Voici l'affiche, je l'ai volée dans le cadre.

— Tiens! tiens! tiens!

— Oui, et même le portier du théâtre qui m'a vu faire s'est mis à me gratifier d'une foule d'invectives mal sonnantes, les passants commençaient à s'attrouper, j'ai filé et me voilà!

Tout en parlant Olibrius tira de dessous sa

blouse une grande feuille de papier rose pliée en huit, il la défrippa et étala sous les yeux de Fra-Diavolo l'affiche suivante dans toute sa splendeur :

---

**THÉATRE DU LUXEMBOURG.**

PREMIÈRE REPRÉSENTATION DE :

# MADELINETTE

ou

### LA GRISETTE DU QUARTIER LATIN

Vaudeville en trois actes.

## M<sup>LLE</sup> PIVOINE

débutera dans le rôle de **Madelinette**.

On commencera par

# PICOLO

Vaudeville en un acte, de M. X***.

---

MADELINETTE sera jouée à 8 heures précises.

— Pivoine ! — s'écria le peintre, — ce nom est original, donc il me plaît ! — connais-tu cette jeune artiste, Olibrius ?

— Comment voulez-vous que je la connaisse ? est-ce que vous me donnez de l'argent pour me payer le spectacle ?

— Non, mais je te soupçonne de hanter les abords du théâtre à l'heure des répétitions, surtout les jours de boue.

— Pourquoi faire ?

— Pour étudier sur nature les tibias des actrices, jeune volcan !

— Ma foi non !

— Bien sûr ?

— Parole !

— Au fait, ça m'est tout à fait égal, —

mais l'heure se passe, il est bientôt temps de penser à ma toilette ; — procédons à cet acte.

— Et dîner ?

— Je n'ai pas faim, je souperai en rentrant. Qu'y a-t-il dans le buffet?

— Du pain d'hier et du fromage d'Italie, pour quatre sous.

— Tu en mangeras une moitié et tu me laisseras l'autre.

— C'est entendu.

— Maintenant donne-moi un conseil, Olibrius.

— Je veux bien.

— Quel habit dois-je revêtir, selon toi ?

— Hein ?

— Je te demande quel habit...

— Vous devez revêtir ? j'ai parfaitement entendu.

— Eh bien alors ?

— Mais je n'ai pas compris !

— Comment... ?

— Vous avez donc plusieurs habits, à présent ?

— Non, je n'en ai qu'un.

— Vert ?

— Oui.

— A boutons ciselés ?

— Sans doute.

— C'est le seul ?

— Parbleu !

— Choisissez celui-là.

— Tu as parfaitement raison, — apporte-moi ce vêtement de luxe afin que je vérifie un peu son degré de conservation.

Olibrius apporta l'habit, et, sur un geste de son maître, le fit endosser au mannequin.

Fra-Diavolo tourna tout autour et jeta un regard à la fois attendri et satisfait sur ce vieux, sur ce fidèle compagnon.

— Sais-tu qu'il est fort élégant cet habit, — dit-il tout d'un coup — rien n'y manque. — La coupe en est audacieuse — les piqûres solides, — les boutons d'un modèle irréprochable ! — je l'ai fait faire en un jour de prospérité ! — on venait de me payer cinquante écus, un tableau, un chef-d'œuvre!!

Que les temps sont changés !

Et un soupir accompagna cette classique citation.

— Il me semble que les coutures ont un peu blanchi, — hasarda Olibrius.

— Crois-tu ? — c'est possible... nous allons y remédier...

— Comment ?

— Tu verras, — prépare-moi du vert de la même nuance que l'habit sur la palette à l'aquarelle.

Olibrius eut fait en un instant.

Fra-Diavolo prit alors un pinceau et restitua séance tenante aux coutures avariées leur fraîcheur primitive.

— Tout va bien ! — dit-il — donne-moi mon pantalon blanc.

— Il est sale.

— *Nom d'un petit bonhomme d'un sou !* voilà qui est fâcheux ! — c'est égal, montre-moi cet *inexpressible*.

Vérification faite, il fut reconnu que le coutil jadis blanc était arrivé peu à peu à une teinte nankin fort originale.

Fra-Diavolo n'était pas homme à s'embarrasser pour si peu de chose. — Il prépara de la couleur rose et exécuta sur le pantalon, au grand ébahissement d'Olibrius, une multitude de raies qui dissimulèrent tant bien que mal la propreté suspecte de l'étoffe.

— De mieux en mieux, — fit-il alors, — passons au gilet maintenant.

— Il n'y en a pas.

— Comment, il n'y en a pas?

— Non.

— Voilà qui est fort! — j'en ai confié deux à la blanchisseuse, avec quatre faux cols, il y a plus de quinze jours.

— Oui, et la blanchisseuse est venue les rapporter la semaine dernière, je n'ai pas pensé à vous le dire.

— Eh bien?

— Eh bien, elle a prétendu que vous lui deviez déjà quarante et un francs soixante et quinze centimes, et elle a ajouté qu'elle garderait le linge jusqu'à ce que vous lui donniez un fort à-compte.

— Vertu, tu n'es qu'un mot! — s'écria

l'artiste — une femme à qui j'ai proposé mon amour ! ! !

*O tempora ! o mores !...*

« Donne-moi du papier blanc et des ciseaux.

— Voici.

— Maintenant cherche au fond de la malle aux débarras un antique gilet de velours en lambeaux dont aucun marchand d'habits n'a voulu faire emplette.

— Voilà.

Fra-Diavolo étendit sur la table le haillon que lui présentait le rapin, et découpa le papier blanc en calquant avec exactitude les contours de l'ex-vêtement.

— Olibrius, dit-il en terminant, — tu vas

me peindre sur ceci quelque chose de riche et de miroitant, un damas à la Paul Véronèse, et vite !

Tandis qu'Olibrius obéissait, le maître du lieu passa en revue une paire de bottes et une paire de souliers, et s'aperçut avec chagrin que ces chaussures souriaient d'une façon lamentable.

Mais l'industrie de Fra-Diavolo ne se trouva point en défaut.

Il ne pouvait dissimuler les crevasses béantes, il prit le parti de les rendre invraisemblables, et il passa sur le cuir endommagé une double couche de vernis à tableaux, supposant fort judicieusement qu'on ne soupçonnerait point les trous de ces bottes étincelantes.

Ces préparatifs achevés, Fra-Diavolo revêtit le pantalon, — s'ajusta une cravate de satin noir à fleurs, toute fanée, mais qu'il termina par un nœud ébouriffant.

Il assujettit avec des épingles le semblant de gilet qu'Olibrius venait d'enluminer et qui jouait le lampas à s'y méprendre, — il lissa ses longs cheveux noirs, en massa et en régularisa les boucles luxuriantes, — il solidifia avec du vernis les courbes conquérantes de sa moustache, — endossa son habit, — chercha des gants et n'en trouva qu'un, qu'il se décida à porter à la main droite, devant dissimuler l'autre main dans les profondeurs de la poche gauche.

Il se coiffa de son feutre à larges bords qu'il posa de côté sur l'oreille droite à la façon des portraits de Van-Dick, et enfin il dit à Olibrius :

— Tu mettras de l'ordre dans l'atelier, beaucoup d'ordre, et tu referas le lit avec soin.

— Pourquoi donc ça ?

— Parce qu'il serait possible que je ne rentrasse pas seul ! — répliqua Fra-Diavolo d'un air fat.

— Suffit ! — on s'y conformera.

— Maintenant plie l'affiche que tu as volée, et donne-la-moi.

— Est-ce que vous comptez la restituer à l'administration du théâtre, par hasard ?

— Non, — je compte seulement m'économiser l'achat coûteux d'un *Entr'acte* en m'en servant comme de programme...

— Ah ! c't idée !

— Ce sera du meilleur goût, — bonsoir, Olibrius.

— Bonsoir, maître, et bonne chance.

— Merci.

Fra-Diavolo descendit l'escalier en fredonnant :

> Viens, gentille dame,
> Viens, je t'attends !

Et s'achemina vers le théâtre du Luxembourg avec force mouvements d'épaules d'une allure tout à fait talon rouge et Louis XV.

## CHAPITRE III.

**Un mystère.**

Fra-Diavolo arriva au théâtre.

Il regarda d'un air souverainement dédaigneux la demi-douzaine de boutiquiers et de grisettes qui faisaient la queue pour prendre leurs billets au bureau.

Il assujettit sur l'oreille droite d'une façon encore un peu plus exagérée son feutre aux larges ailes. — Il cligna de l'œil pour afficher des prétentions à la myopie, ce qui selon lui était très-bien porté, et enfin il se présenta au contrôle où il exhiba son coupon devant les employés, stupéfaits de ces allures et de cette prestance excentriques.

— Avant-scène de quatre places, — dit le contrôleur — monsieur est seul.

— Vous voyez.

— Monsieur attend-il quelqu'un ?

— Jamais ! — s'écria l'artiste d'un air outragé, — quand j'honore de ma présence de petits spectacles comme celui-ci, je prends toujours pour moi seul une avant-scène entière ! — sans cela ce serait d'un commun ! Ah ! pouah !

Et Fra-Diavolo, après avoir accompagné

ces dernières paroles d'un formidable écart de poitrine, s'élança dans l'escalier qu'on lui désigna et envahit l'avant-scène dont la porte se referma sur lui au milieu des saluts empressés de l'ouvreuse de loges, éblouie par les charmes naturels et artificiels de notre personnage.

Le spectacle n'était point commencé.

La salle était à peu près vide, et l'orchestre non encore garni de ses quatre exécutants.

Fra-Diavolo regretta fort d'être venu d'aussi bonne heure; il se dit qu'il avait *manqué son entrée* et *raté* son effet (termes de coulisses); il avait presque envie de s'en aller pour revenir un quart d'heure après, cependant il se décida à rester et s'organisa de façon à *poser* confortablement quand le moment en serait venu.

Pour cela faire il s'étendit à moitié, dans une attitude négligée, sur la banquette du fond de la loge.

(Au théâtre du Luxembourg, autrement nommé : *Bobino*, il y a des banquettes dans les avant-scènes.)

Il croisa ses jambes, déboutonna son habit, mais le reboutonna au plus vite en s'appercevant qu'il y avait une effrayante solution de continuité entre plusieurs des plis de sa chemise, et, tirant de sa poche l'affiche rapportée par Olibrius, il la déplia et se mit à la parcourir d'un œil distrait et nonchalant.

Tout à coup un grand bruit et un grand mouvement lui firent relever la tête.

La salle tout entière, — stalles d'orchestre, galerie et loges — était envahie par une population joyeuse et turbulente.

C'étaient MM. les étudiants en compagnie de mesdames leurs étudiantes.

L'épanouissement excessif de *ces ménages* du quartier latin témoignait d'un dîner succulent chez Pinson, chez Dagneaux, chez Magny, chez le moins somptueux Martin, ou dans tout autre caravansérail culinaire du noble faubourg.

Deux couples avaient fait élection de domicile dans l'avant-scène contiguë à celle où trônait Fra-Diavolo.

Les hommes étaient de grands jeunes gens à la mise élégante mais débraillée.

Les femmes, jolies toutes deux, démentaient par leur trop complet laisser-aller, et par le peu de mesure de leurs exclamations ce qu'aurait pu faire supposer la demi-distinction de leur tournure et le quasi-bon goût de leurs toilettes.

Ces messieurs étaient probablement des étudiants, fils de famille et viveurs, (au quartier latin on dit : *noceurs*) escortés de Lorettes d'outre-Seine.

Fra-Diavolo les écoutait et les regardait avec une curiosité envieuse.

— Paul, mon bibi, — disait une des jeunes femmes — j'ai bien soif.

— Déjà !

— Sans doute.

— Qu'est-ce que tu veux boire ?

- Oh ! mon Dieu, ce que tu voudras, — n'importe quoi !

— De la bière ?

— Non.

— De l'orgeat ?

— Non.

— De la limonade ?

— Pas davantage.

— Mais enfin, quoi donc ? tu es insupportable, Florence !

— Demande du sirop d'ananas.

— Tu es folle ! il n'y en a pas ici.

— Tu crois ?

— J'en suis sûr.

— Eh bien alors, je me contenterai d'un grog au rhum, avec quelques cerises à l'eau-de-vie.

— Je vais te les faire apporter.

— En même temps achète-moi des oranges, des biscuits, des échaudés, des marrons glacés, des macarons, de la galette et du sucre d'orge...

— Tu as donc autant faim que soif?

— Mon Dieu non, c'est pour m'amuser un moment en attendant que nous allions souper à la Maison d'Or, car nous irons souper, n'est-ce pas?

— Certainement.

— Eh bien, Paul, mon chéri, va vite!

Paul quitta l'avant-scène en récapitulant dans sa mémoire les différents objets qui venaient de lui être demandés.

— Alfred, mon gros chat, — dit à son tour la seconde Lorette.

— Qu'est-ce que tu veux, Minette?

— Je m'ennuie.

— C'est gracieux pour moi.

— Bête! ça n'est pas ça que je veux dire, mais je voudrais qu'on commençât le spectacle, — il sent mauvais ici!

— On commencera dans un instant.

— Demande un *Entr'acte*.

Alfred ouvrit la porte de la loge et appela l'ouvreuse.

En ce moment Paul reparaissait chargé de provisions.

On apporta le journal.

Florence mangea — Minette lut, — toutes deux burent.

— As-tu vu ce pauvre Arsène aujourd'hui? — demanda Alfred à son ami Paul.

— Non, — il m'a seulement écrit un mot en m'envoyant des billets.

— Comme à moi, — nous le verrons sans doute ce soir.

— Ça n'est pas douteux. — Il est probablement dans les coulisses à l'heure qu'il est.

— Pardieu! près de sa belle, de sa *Pivoine!*

— Je ne la connais pas *Pivoine,* et toi?

— Moi si, — je l'ai vue une fois.

— Où donc?

— Chez Arsène.

— Elle est jolie, n'est-ce pas?

— Comme un ange.

— Et coquette ?

— Comme un démon.

— Est-ce que tu la crois amoureuse d'Arsène ?

— Amoureuse ! allons donc !

— Alors, selon toi elle l'exploite... ?

— C'est le mot, — et puis elle s'est mise avec lui pour qu'il la fasse débuter. — C'est une position pour une femme que le théâtre !

— A Bobino ! avec vingt-cinq francs d'appointements ! par mois ! Farceur ! !

— Oui, mais tu comptes pour rien les *feux*...

— Qu'elle inspire ! — ah ! ah ! très-joli !

— Ce pauvre Arsène, le cœur doit lui battre joliment fort au moment de la première représentation de sa pièce?

— C'est assez naturel.

— A propos, crois-tu qu'elle réussisse, sa pièce?

— Non pardieu pas !

— Pourquoi donc?

— Parce que c'est toujours mauvais, les vaudevilles d'amateurs, et qu'Arsène Bâchu, n'est pas de force à faire exception.

— Oui ; mais comme presque tous les billets ont été distribués par lui à des amis il est certain qu'on ne sifflera pas.

— Quelle bêtise! est-ce que tu crois que nous avons vendu notre droit de libre critique au prix d'un billet de trente sous?

— Au fait, ça serait bon marché !

— Quant à moi, je sifflerai de toutes mes forces, si la pièce est détestable...

— Elle le sera.

— Soyons justes !

— Et pour être justes, sifflons.

— Dans son intérêt même...

— C'est évident, afin de l'empêcher de faire une seconde boulette.

— C'est convenu ! — ce pauvre Arsène, ça me fera vraiment de la peine, mais l'impartialité avant tout ! — nous sifflerons.

Tandis qu'avait lieu entre les bons amis d'Arsène Bâchu la conversation précédente, — conversation qui se reproduit presque sans variantes à tous les débuts littéraires, —

quelque chose d'étrange et de mystérieux se passait dans la loge de Fra-Diavolo.

Une vieille femme à la mine discrète, — au nez barbouillé de tabac et couronné de besicles de cuivre, — au bonnet *ruché* et surmonté de ruban à la mode de 1820, entr'ouvrit à demi la porte de l'avant-scène, avança dans la pénombre son buste drapé d'un antique tartan et jeta du bout des lèvres cette appellation bien connue, qui peut s'orthographier ainsi :

— *Psit!*

— Hein ? — demanda Fra-Diavolo en se retournant.

— Monsieur...?

— Quoi?

— C'est-il vous qui l'êtes ?

— Qui?

— Le jeune homme?

— Quel jeune homme?

— L'*artisse*, enfin...

— Artiste, je le suis.

— Alors voilà.

Et la vieille femme tendit quelque chose à Fra-Diavolo.

— Qu'est-ce? demanda-t-il.

— Le bouquet.

— Quel bouquet?

— Celui de la dame.

— Quelle dame?

— Vous le savez bien.

— Le diable m'emporte si je vous comprends! — expliquez-vous, la vieille!

— Inutile... c'est pour le troisième acte.

— De quoi?

— De *Madelinette*. — Après la grande scène...

— Eh bien?

— Vous le jetterez.

— A qui?...

— Farceur!!

Et la vieille referma la porte, laissant entre les mains de Fra-Diavolo stupéfait un bouquet magnifique dans son enveloppe de papier blanc.

## CHAPITRE IV.

**Une première représentation.**

Au moment où l'aventure dans laquelle se trouvait engagé Fra-Diavolo prenait une tournure de plus en plus romanesque, et tandis que le jeune peintre cherchait vainement à deviner le mot de ce logogriphe en action, les trois coups cabalistiques avaient été frappés derrière la toile, et messieurs les musiciens opéraient une mélodie fantastique fort propre sans contredit à mettre en fuite tous les dilettantes du Théâtre Italien.

Il est bien entendu que nous parlons du Théâtre Italien d'avant la République.

Cette scène lyrique, jadis royale et alors digne de ce nom, est aujourd'hui une déplorable plaisanterie.

Il est vrai que si l'on entend aux Bouffes d'exécrable musique, on y jouit de la vue de monsieur et de madame Armand Marrast, lesquels trouvent mélodieux les orgues de Barbarie qui leur jouent la Carmagnole.

Il est vrai encore que l'on y entend de grands laquais tout chamarrés, crier dans les couloirs au moment de la sortie : — Place à monsieur le Président!

Cette bouffonnerie, divertissante à force

d'être ridicule, ne paraîtra point cependant aux aristocratiques habitués (du moins nous le craignons) une compensation suffisante de tout ce qu'ils ont perdu.

Mais patience, et disons en parodiant quelque peu la vieille ballade de Walter-Scott:

> Il faut que la nuit s'éclaircisse,
> Et le Théâtre renaîtra
> Avec la force et la justice,
> Quand dans Ellangowan un Bertram rentrera! (1)

Passons.

L'ouverture achevée, on commença le premier acte de Picolo.

Nous n'avons point à nous occuper de cette pièce qui, sans être un chef-d'œuvre, damait cependant le pion aux productions de cer-

(1) Guy-Mannering.

tains vaudevillistes, hommes wagons, machines à vapeur littéraire, d'une force de cent vingt chevaux, fabriquant la comédie, le mélodrame, la revue, la féerie et la parade, le tout dans les plus brefs délais et aux prix les moins modérés.

Fra-Diavolo allait rarement au spectacle, et pour cause; aussi, au bout de peu d'instans, l'intérêt dramatique l'absorbait uniquement. — Il était tout entier à la pièce dont les péripéties se déroulaient sur la scène, — il prenait la part la plus vive aux tragi-comiques événements parmi lesquels se dessinait le jeune Picolo, vertueux et tendre Italien de la plus belle espérance.

Il posa donc le bouquet sur la banquette derrière lui, il s'accouda au rebord de son avant-scène, et il oublia complétement qu'il était acteur lui-même dans une autre comédie dont il ignorait le dénouement et dont il ne connaissait pas l'auteur.

Picolo fut achevé :

On commença l'entr'acte.

Cet entr'acte, comme tous ceux qui précèdent une première représentation, fut d'une longueur démesurée.

Règle générale, en semblable occurrence, surtout dans les tout petits théâtres, le public s'impatiente et témoigne son mécontentement par des cris de toute sorte, par des frappements de pieds réitérés, souvent par des vociférations et des hurlements quasi-sauvages.

Dans les premiers temps qui ont suivi la révolution de Février de triste mémoire, le public parisien avait remplacé ces démonstrations par une sorte de récitatif, à la fois éclatant et monotone, sur lequel s'ajustaient ces paroles, cadencées et répétées cent fois :

Des lam—pions! — Des lam—pions! — Des lam—pions!

Or, le public a tort.

En effet, s'il se doutait seulement de ce qui se passe derrière le rideau pendant cette suprême demi-heure qui lui paraît si longue ;

S'il voyait les machinistes, tout couverts de sueur et de poussière, *plantant* à grand' peine un décor neuf qui ne s'ajuste pas encore bien aux *portants*, aux *poulies*, à tout cet appareil inconnu, squelette de ces merveilleux aspects, dont les toiles, peintes par Séchan, Dieterle, Desplechins, Ciceri ou Devoir, sont les chairs animées et brillantes ;

S'il voyait la jeune première repassant précipitamment son rôle dont l'émotion vient de faire dans sa mémoire troublée un pêle-mêle confus,

L'ingénue lissant ses fausses nattes et terminant, à grand renfort de blanc de céruse et de rouge végétal, ce teint de lys et de roses qui doit enflammer les *jobards* de l'orchestre ;

S'il voyait le comique à demi *grimé*, répétant devant la glace du foyer sa grimace à effet,

L'auteur tremblant, se donnant au diable et cherchant à inspirer aux acteurs de la pièce un courage qu'il n'a pas lui-même,

Le directeur tempêtant,

Les garçons de théâtre préparant à la

hâte — la lettre, — le bouquet *virginal*, — le poulet froid, — la pièce de cent sous — tous les accessoires enfin d'un vaudeville ou d'un drame un peu bien situés ;

Si le public, — disons-nous, — voyait, devinait tout cela, il ferait acte de générosité, en se résignant d'une façon discrète à une attente de quelques minutes.

Mais le public, sultan blasé, ne voit, ne devine rien, — il trépigne, il se fâche, et en cela, — nous le répétons, — il a tort.

———

Cependant l'entr'acte s'était achevé ; — on joua un semblant d'ouverture que quelques amateurs exercés déclarèrent être celle de l'Opéra du *jeune Henry*, et la toile se leva pour le premier acte de MADELINETTE *ou la Grisette du quartier Latin.*

Les bruits de la salle s'éteignirent peu à peu, — l'attention de Fra-Diavolo redoubla.

Ici, quelques mots du décor. —

Le théâtre représente une chambre d'étudiant, dans un hôtel peu garni de la rue Saint-Jacques.

Au milieu de cette chambre est une table couverte des apprêts d'un souper de carnaval.

Un costume de *débardeur* s'étale sur une chaise à côté d'un habit de *Pierrot*.

Au fond, une alcôve fermée dont les panneaux sont percés de deux lucarnes ou œils-de-bœuf.

Le maître du logis et un de ses amis, jeunes tous deux, étudiants tous deux, riches de cette gaie misère qui faisait dire à Béranger :

Dans un grenier qu'on est bien à vingt ans!

échangent de joyeux propos et se réjouissent d'avance des plaisirs d'une folle nuit de bal.

Le Prado les appelle, mais ils n'iront pas seuls.

La table toute prête attend quatre convives.

*Rosine* va venir, et avec elle la perle du quartier Latin, *Madelinette* aux yeux d'azur, aux cheveux d'ébène et au cœur d'or.

*Arthur,* l'un des étudiants, est comme de raison amoureux de la jolie fille en l'honneur de laquelle il chante un long couplet de facture, sur un air trop connu :

. . . . . . . . . . . .

Madelinette,
Franche coquette,
A tous ses pas attache un amoureux!
Chacun réclame

PIVOINE. 65

   Un peu de flamme,
Mais elle en rit et me rend seul heureux !!

Pauvres jaloux, courez, courez la ville,
Fouillez partout, cherchez qui la vaudra !!!
Gardez pour vous les reines de Mabile
Et les houris du bal de l'Opéra,
   Car ma grisette,
   Madelinette
Est bien à moi, tout à moi, rien qu'à moi !
   Enchanteresse,
   O ma maîtresse,
Tu m'appartiens comme la France au roi !
   Etc., etc., etc.

Cela est infiniment médiocre, cependant notre devoir de narrateur impartial nous oblige de convenir que le public applaudit.

Sauf cependant, bien entendu, les amis de l'auteur, placés dans l'avant-scène contiguë à celle de Fra-Diavolo, et qui rappellent le public à l'ordre par des : *chut !* réitérés.

Or l'artiste, subjugué par les habits neufs

de ses voisins et la luxueuse toilette de leurs compagnes, pense qu'il est du meilleur goût d'exprimer une certaine improbation et se laisse aller à un : *peuh* ! significatif.

Cependant la scène marche.

Une voix douce et vibrante fredonne à la cantonnade ce refrain populaire :

> Messieurs les étudiants
> S'en vont à la Chaumière...

La porte s'ouvre, non sans bruit, et deux jolies filles font leur entrée sur le théâtre.

L'une d'elles est *Rosine*, belle blonde aux charmes fortement accusés, à la tournure provoquante.

L'autre est *Madelinette*, ou pour mieux dire la débutante Pivoine.

Il est impossible de voir une femme

sinon plus belle, du moins plus charmante que cette dernière.

Figurez-vous la réalisation parfaite de ce type charmant créé par Gavarni.

Une taille moyenne, fine, souple, cambrée, avec ce buste à lignes courbes, et ces hanches mobiles qui semblent ne devoir être à leur aise que sous le pantalon de velours du débardeur de l'Opéra.

Un visage frais et velouté comme une pêche, — une bouche fine et moqueuse avec des lèvres aussi rouges qu'une grenade en fleur, découvrant presque sans cesse de petites dents blanches comme du lait.

Sous un front pur, sous un front d'enfant, de grands yeux bleus, tantôt presque timides, tantôt voilant leur profond azur d'un nuage de désirs et de volupté.

Des cheveux noirs d'une prodigieuse opulence, dont les longues et soyeuses nattes se tordent quatre fois comme des serpents de velours autour de cette tête charmante qu'ils couronnent d'un divin diadème.

Des mains et des pieds d'une suffisante petitesse et d'une forme très-pure.

Avec tout cela le costume coquet de la grisette de convention telle que nous la voyons au théâtre dans tous les vaudevilles, c'est-à-dire une robe de soie d'une merveilleuse indiscrétion, un petit tablier coquet, et un grand châle qui ne tient pas sur les épaules.

Voilà Pivoine au moment de son entrée en scène.

Tous les jeunes gens qui sont dans la salle applaudissent.

Plus d'une femme fait la moue et pince son amant.

Fra-Diavolo ébloui dévore l'actrice de tous ses yeux, et sa tête s'égare à demi, quand il sent le regard de la jeune fille s'arrêter sur lui pendant une seconde avec une intention évidemment bienveillante.

Un instant interrompue par les bravos adressés à Pivoine, la pièce reprend son cours.

*Madelinette* saisit un prétexte pour raconter son histoire au public.

Elle est née à Marseille. — Son père était un riche commerçant.

Ruiné par l'infâme abus de confiance d'un associé qui a disparu en emportant toute sa fortune, il est mort de douleur.

Peu de temps après, la mère de *Madelinette* l'a suivi dans la tombe, et la pauvre fille, alors tout enfant, est arrivée à Paris où elle a été élevée par charité.

L'âge des amours est venu cependant. — On a dit à *Madelinette* qu'elle était belle et qu'elle serait adorée. — Elle a prêté l'oreille aux doux propos, aux tendres paroles, elle a donné son cœur, à un d'abord, puis à un autre, et elle est devenue ainsi la joyeuse et folle grisette, l'héroïne des bals de la Chaumière, la reine du quartier Latin.

Mais parfois un souvenir se glisse parmi les beaux rêves de *Madelinette* et voile son regard de tristesse, c'est le souvenir de sa mère.

Parfois, au milieu des accords de la contredanse, parmi les notes sautillantes de la

Polka, *Madelinette* entend une voix qui lui dit que ce n'est point à une semblable vie qu'elle était destinée, — et alors son cavalier du bal s'étonne de voir s'évanouir l'insouciante gaieté de la jolie danseuse, — et les convives du souper lui demandent pourquoi elle repose sur la table son verre encore plein de Champagne.

Et dans ces moments-là *Madelinette* voudrait pleurer, et elle se prend à maudire l'homme dont elle n'a point oublié le nom, et qui a volé à son père la fortune et la vie, à elle le bonheur !

*Madelinette* est au moment de devenir la maîtresse d'*Arthur*. Si elle ne lui a point encore cédé, c'est d'abord parce qu'il est bon de se faire quelque peu désirer, et puis ensuite parce que ces messieurs *les censeurs* auraient frappé la pièce de leur *veto* administratif, si le mariage au treizième arrondissement eût été consommé.

Il y a quelque mérite, d'ailleurs, de la part de *Madelinette* à aimer Arthur et à le lui prouver, car, pour venir visiter la chambrette de l'étudiant, elle refuse des propositions fort brillantes.

Un vieux monsieur, célibataire et riche, *Oscar Pharamond*, lui fait une cour assidue, mais elle lui répond :

— *Zut!!* — Avec ce geste inimitable du gamin de Paris, geste qui s'exécute en appuyant sur le bout du nez le pouce de la main droite, et en faisant décrire un mouvement rapide aux quatre autres doigts de la même main.

*Rosine*, la compagne de *Madelinette*, se trouve dans une position parfaitement semblable.

Pour les beaux yeux de *Frédéric*, l'ami d'*Arthur*, elle décline généreusement les offres séduisantes de *M. Hector Charlemagne*, autre célibataire, tout aussi vieux et tout aussi riche que le sieur *Pharamond*.

Quant à *Arthur*, nous disions tout à l'heure qu'il n'avait pas le sou, — il a moins que cela, car ayant follement souscrit une lettre de change à l'ordre d'un certain *Bigorneau* qu'il ne connaît point, (lettre de change qu'il n'a pas payée,) il est poursuivi, et depuis la fatale échéance il cache son domicile à tout le monde, excepté à quelques amis, dans l'espoir d'échapper aux gardes du commerce.

Patatras!!

On entend un grand bruit dans l'escalier. — C'est quelqu'un qui tombe, — en même temps une voix plaintive appelle le maître du logis.

*Arthur* ouvre la porte.

*Madelinette* et *Rosine* se cachent précipitamment dans l'alcôve fermée située au fond du théâtre.

*Arthur* rentre avec un nouveau personnage qui s'appuie sur son bras, et dont la comique apparence fait rire aux éclats la salle tout entière.

C'est un petit vieillard prétentieux et grotesque, — une sorte de ci-devant jeune homme en perruque blonde frisée, et en pantalon collant.

Il a roulé dans l'escalier, — son chapeau est devenu un *Gibus* pur sang, — sa perruque blonde a changé de position, — son habit vient de craquer au milieu du dos, et son pantalon s'est fendu aux genoux.

*Athanase Robinet*, tel est le nom de ce quidam, a lié connaissance avec *Arthur* dans un estaminet, et le poursuit partout du récit de ses soi disant bonnes fortunes.

Ce soir-là il vient proposer au jeune homme de souper à frais communs et d'aller ensuite au Prado, car malgré ses rhumatismes *Athanase Robinet* court les bals et jure à toutes les grisettes qu'il les trouve adorables et qu'il fera leur bonheur, — si elles veulent le rendre heureux.

Comme il nous est impossible de suivre pas à pas l'intrigue fort compliquée de la pièce, sous peine d'être à la fois prolixes, obscurs et parfaitement ennuyeux, disons tout de suite à nos lecteurs que messieurs *Oscar Pha-*

*ramond* le courtisan de *Madelinette*, — *Hector Charlemagne* le poursuivant de *Rosine*, — *Bigorneau* le créancier d'*Arthur* — et enfin *Athanase Robinet* le soi-disant ami du même jeune homme, ne sont qu'un seul et même personnage, qui change continuellement, et pour cause, de pseudonymes et d'allures.

Le lendemain, au point du jour, *Athanase* ou plutôt *Bigorneau* doit faire arrêter son débiteur par un garde du commerce prévenu d'avance et aposté tout exprès à la porte du Prado.

Les jeunes filles, qui ont reconnu leur commun adorateur, quittent leur retraite, déguisées et masquées, et intriguent à qui mieux mieux le séducteur hors d'âge qu'elles accablent des sarcasmes les plus féroces.

On soupe, — *Arthur* et *Frédéric* se costument.

On loge *Robinet* dans une casaque de *Pierrot;* les cinq personnages partent pour le Prado, et la toile tombe sur la fin du premier acte.

Tout cela n'est, on le voit, ni bien neuf ni bien habilement agencé.

Cependant Pivoine est si piquante en débardeur, que le public applaudit de nouveau.

## CHAPITRE V.

#### Un baisser de rideau.

Fra-Diavolo était tellement ébloui et fasciné par le charme sans pareil et par la grâce de Pivoine, qu'il resta la bouche béante et les yeux fixés sur la toile, longtemps après la chute du rideau, et que c'est seulement alors que le dernier applaudissement se fut perdu dans le bruit des conversations générales, qu'il se décida à crier à trois reprises et de toute sa voix :

— Bravo ! bravo ! bravo !

On regarda, — on s'étonna, — on rit, — et après avoir applaudi Pivoine, on applaudit Fra-Diavolo.

Cependant les occupations du précédent entr'acte avaient été reprises dans l'avant-scène contiguë à celle de Fra-Diavolo.

Mademoiselle Florence mangeait des marrons glacés et jetait dans le parterre des morceaux de sucre de pomme, au grand *esbaudissement* des gamins de l'endroit.

Mademoiselle Minette, après avoir dévoré l'*Entr'acte* (le journal), avait fait acheter le *Moniteur du soir*, et s'enfonçait avec acharnement dans ses colonnes semi-officielles.

Paul emmena son ami Alfred dans un coin de la loge et lui dit à demi-voix d'un air confidentiel :

— Sapristi ! que voilà donc une belle fille !

— Ah ! oui ! — répondit Alfred — ah ! oui ! — ah ! oui !

— Quelle tête !

— Quels yeux !

— Ah ! le fait est que ce sont de beaux yeux !

— Des yeux comme on n'en voit guère !

— Des yeux comme on n'en voit pas !

— Et la bouche ! — Voilà ce qui peut s'appeler une bouche !

— Ne m'en parle pas, mon ami, tu m'électrises !

— Et les cheveux ! — as-tu fait attention aux cheveux !

— S'ils ne sont pas faux, je n'en ai jamais rencontré de pareils.

— Je réponds de leur authenticité corps pour corps.

— Et la taille donc!

— Si fine et si ronde! — si svelte et si corsée!

— Comme on voit bien au premier coup d'œil que le coton n'y est pour rien...

— Et comme on devine que la crinoline lui est aussi complétement étrangère qu'à la Vénus Callipyge elle-même!

— Sapristi! il faut convenir que ce polisson d'Arsène est un bien heureux drôle!!

— Avoir pour maîtresse la plus jolie créature de Paris...

— Lui qui n'est pas beau du tout !

— Et qui se croit farci d'esprit...

— Quoiqu'il en manque totalement !

— Heureusement qu'on peut la lui enlever, sa Pivoine...

— Et que rien n'est plus facile...

— Et que ce sera bientôt fait!!

A ces quelques mots, qui exprimaient très-clairement leur commune pensée et posaient pour ainsi dire les jalons d'une rivalité future, les deux amis échangèrent un coup d'œil méfiant.

Mais en ce moment mademoiselle Florence abandonna pour une minute son sac de marrons glacés, et dit en se tournant vers les jeunes gens :

— Ah çà! qu'est-ce que vous avez donc à comploter comme ça, là-bas, dans votre coin?

— Nous ne complotons pas, répondit Paul, — nous causons.

— Et de quoi, s'il vous plaît? — de quelque *trait* que vous voulez nous faire, vilains monstres!

—Ah! par exemple!— si l'on peut dire!— nous parions de monsieur Duranton, — du *Jus Romanum*, des *Institutes*, et des cours de troisième année.

— En voilà une *blague!* — vous parlez de l'École de droit, comme je danse! — Je parie plutôt que vous êtes sur le chapitre des qualités et perfections de cette mijaurée de Pivoine! — une cabotine qui n'a que la beauté du diable, et qui est effrontée comme je ne sais quoi ! — allez, je vous connais, beaux masques ! !

— Mais je t'assure...

— Taisez-vous plutôt ! — ça vaudra mieux que de mentir ! — Tiens, à propos de cette Pivoine, voilà son *monsieur* qui arrive dans une avant-scène.

— Vous le connaissez, Florence ?

— Pardieu ! on me l'a montré l'autre jour.

— Où ça ?

— Dans un bal.

— Vous allez donc au bal sans moi ?

— Voilà-t-il pas une belle affaire ! c'était chez une amie !

Laissons continuer la conversation qui ne

tarda point à dégénérer en une dispute quasi-conjugale, et occupons-nous du nouveau venu qui doit jouer dans notre récit un des rôles les plus importants.

Arsène Bâchu, car en effet c'était bien lui, prit place dans une avant-scène restée vide jusqu'à ce moment et située précisément en face de celles occupées par l'artiste et par les étudiants.

Arsène était un garçon de vingt-quatre à vingt-cinq ans, long, blême, à la figure fade et insignifiante, aux cheveux longs et plats.

Sa toilette était d'une recherche ridicule. — Il portait des gants paille, — il avait de larges manchettes retroussées sur les poignets de son habit, et il se servait presque perpétuellement d'un énorme lorgnon d'écaille suspendu à un ruban noir, et sautillant sur sa poitrine à chacun de ses mouvements.

L'aimable personnage que nous venons de décrire parcourut la salle du regard à travers son lorgnon, et adressa à droite et à gauche, à tous les visages de connaissance, un petit salut vaniteux et protecteur.

— L'animal ! — dit Paul à Alfred, — il se croit donc bien sûr du succès de sa pièce, qu'il vient dès la fin du premier acte faire la roue et parader.

— Je donnerais beaucoup pour entendre siffler.

— Dame ! il est très-possible qu'on siffle ! — le parterre n'est pas déjà si bien disposé et, sans Pivoine, je ne sais ma foi pas ce qui serait arrivé déjà.

L'orchestre coupa la parole à Alfred, qui

s'apprêtait à répondre, et la toile se leva pour le second acte de *Madelinette.*

Nous sommes au Prado pendant une nuit de bal masqué.

Douze ou quinze figurants s'évertuent à représenter la foule joyeuse et enivrée qui bondit et tourbillonne aux accords tempêtueux du *quadrille des Pierrots.*

Dans le fond passe et repasse, — sombre et muet comme l'ombre de Banquo, — un individu de mine suspecte, porteur d'un air du plus lugubre aspect.

C'est le garde du commerce, qui surveille et qui guette sa proie.

Les principaux personnages de la pièce, — nous voulons dire, *Arthur, Frédéric, Robinet, Madelinette* et *Rosine*, — arrivent en scène.

L'intrigue se noue et s'enchevêtre.

Les deux folles jeunes filles se livrent derechef aux plus audacieuses mystifications, à l'endroit du pauvre *Robinet* qui se croit adoré.

Bref, quand arrive le point du jour, il se trouve que, grâce à un changement de costume qu'il suppose indispensable pour la réussite de ses projets galants, c'est *Robinet* qui est empoigné par le garde du commerce, tandis qu'*Arthur* s'en va tranquillement et parfaitement libre.

L'acte finit comme de raison, juste au moment de l'arrestation du malheureux créancier.

L'entr'acte est court.

Quand la toile se relève, nous nous trouvons

chez *Robinet* qui est enfin parvenu à se faire relâcher.

Mais chez lui *Robinet* reprend son véritable nom de *Bigorneau*, il cesse d'être célibataire pour se trouver bien réellement, et depuis longues années, en pouvoir de femme.

Le hasard, ou plutôt ce *deus ex machinâ*, providence de tant de vaudevilles, amène dans ce logis d'usurier *Madelinette* et *Rosine*.

Les grisettes retrouvent dans *Bigorneau*, le soi-disant garçon qui les courtisait toutes deux, — ce qui rend fort difficile la position du vieux mari.

*Arthur* et *Frédéric* arrivent à leur tour.

Le premier a été complétement édifié sur la véritable position sociale de son ami prétendu.

*Robinet*, pris entre deux feux, perd la tête.

Mais ce n'est pas tout, et voici qu'à un mot imprudent qui échappe à l'usurier, *Madelinette* le reconnaît pour l'homme qui a volé la fortune de son père.

*Robinet-Bigorneau* craint la police correctionnelle, et il a peur de sa femme.

Donc en le menaçant, tantôt de le conduire à la sixième chambre, tantôt de révéler à madame *Bigorneau* ses légèretés conjugales, on l'amène à composition.

Il restitue à *Madelinette* une partie notable du bien dont il l'a dépouillée.

Il déchire la lettre de change d'*Arthur*.

Il est bafoué, — honni, — mortifié, — désolé.

Les deux amants se marieront dans huit jours.

*Madelinette* ou plutôt Pivoine vient chanter le couplet final, on applaudit à tout rompre, et la toile tombe.

— L'auteur! — l'auteur!

— Pivoine! — Pivoine! — crie-t-on de toutes parts.

Arsène Bâchu se gonfle dans son avant-scène.

Le rideau se relève. — Le nom du triomphateur est proclamé, et Pivoine reparaît escortée par le régisseur en habit noir.

En ce moment la porte de la loge de Fra-Diavolo s'ouvrit vivement et pour la seconde fois laissa passer une tête de vieille femme.

— Il est temps! dit une voix dans l'oreille de l'artiste.

— De quoi faire? demanda-t-il étonné.

— Le bouquet! vite, le bouquet!

Fra-Diavolo saisit l'énorme bouquet qui lui avait été remis au commencement du spectacle et que dans sa préoccupation il avait complétement oublié.

Il le saisit, disons-nous, et le jeta sur la scène, au moment où d'autres bouquets pleuvaient de tous côtés, et où Arsène Bâchu précipitait aux pieds de l'actrice une véritable gerbe de roses mousseuses et de camélias.

Pendant un instant Pivoine s'arrêta indécise.

Son irrésolution fut courte.

Elle dédaigna les fleurs éparses devant elle, — passa d'un air indifférent à côté de la gerbe d'Arsène stupéfait, — ramassa le bouquet jeté par l'artiste, et légère disparut dans la coulisse en lançant à Fra-Diavolo un de ces regards pareils aux flèches que les Parthes décochaient en fuyant.

FIN DE LA PREMIÈRE PARTIE.

# DEUXIÈME PARTIE.

## LES DÉBUTS D'UNE PÉCHERESSE.

## CHAPITRE VI.

**Coup d'œil en arrière.**

Quelques mots avant de commencer :

Il est un reproche qui nous a été adressé plus d'une fois à propos de nos livres précédents, et qui, selon toute apparence, atteindra de même le roman que nous publions aujourd'hui.

C'est le reproche d'immoralité.

Cette accusation nous paraissant souverainement injuste, nous allons y répondre une fois pour toutes, et en peu de lignes.

Un écrivain immoral, — du moins nous le pensons, — est celui qui s'attache à fausser les croyances et les principes de ceux qui lisent ses ouvrages.

Nous avons fait ailleurs à cet égard notre profession de foi, et, quelque répugnance que nous ayons à nous citer nous-même, nous allons la copier ici : (*)

« Certes, — disions-nous, — nous ne sommes point de ceux qui nient la *Providence* et proclament à sa place le *hasard*, le *destin* ou la *fatalité*.

« Comme, à notre point de vue, il n'y a que deux partis à prendre dans cette vie, celui du

---

(*) *Les Viveurs d'autrefois*, tome 2, page 272.

*doute* ou celui de la *croyance*, nous aimons mieux humilier notre faible raison que de nous jeter dans les sentiers perdus d'un scepticisme désespérant, et nous cherchons, humbles dans notre foi, à voir partout la main de Dieu, alors même qu'elle semble laisser aller à la dérive et sans pilote les destinées humaines.

« Certains romanciers, se disant *socialistes*, affichent des opinions de tout point contraires à la nôtre, et, dans des livres dont il ne nous appartient point d'apprécier le mérite littéraire, mais qui nous ont, pour leur part, conduit à l'abîme dans lequel nous roulons, prennent à tâche de se faire les séïdes de la *fatalité*, en mettant sans cesse en présence le bien et le mal, le vice et la vertu, et en faisant systématiquement triompher le mauvais principe.

« Or, nous le répétons, là où ils voient le hasard, nous voyons, nous, la Providence. — Comme eux nous admettons les faits, mais nous en voulons tirer des conclusions tout à fait différentes. »

Voilà pour notre but.

Maintenant il est très-vrai que nous avons plus d'une fois mis en scène des personnages singulièrement vicieux et que les mœurs peintes par nous étaient souvent peu irréprochables.

Où est le mal?

Le plus grand mérite d'un romancier n'est-il pas de reproduire exactement la nature, et de peindre des tableaux vrais?

Faut-il donc s'enfermer rigoureusement dans les sphères de la pure vertu, et ne choisir que des types dignes du prix Monthyon?

Mais alors détruisez le vice en ce monde, — abolissez tous les amours illégitimes, — faites brûler dans les cœurs des flammes chastes et pures, allumées sur les *autels de l'hyménée*, — et les romans deviendront vertueux, comme la société dont ils daguerréotyperont l'image.

Jusque-là ne vous effarouchez point et ne criez pas à l'immoralité, car à votre compte *Gil-Blas, Tom Jones, Clarisse Harlowe, Manon Lescaut* et les *comédies de Molière* seraient des œuvres immorales!

Restent *les détails*, dont s'effarouchent quelques pruderies.

Qu'on nous permette de traiter fort irrévérencieusement ce dernier blâme, — nous n'aimons point ces gens qui s'écrient avec *Tartuffe*:

> ... Couvrez ce sein que je ne saurais voir!
> Par de pareils objets les âmes sont blessées,
> Et cela fait venir de coupables pensées!!!

Et nous répondons avec *Dorine* :

> Vous êtes donc bien tendre à la tentation,
> Et la chair sur vos sens fait grande impression;
> Certes, je ne sais pas quelle chaleur vous monte,
> Mais à convoiter, moi, je ne suis pas si prompte,
> Et je vous verrais nu, du haut jusques en bas,
> Que toute votre peau ne me tenterait pas!

D'ailleurs, nous n'avons nullement la prétention d'écrire pour des jeunes filles. — Les jeunes filles, à notre avis, ne doivent ouvrir aucun roman, et si elles en lisent en secret, si pour cela faire elles trompent leurs mères, si elles allument la nuit une bougie furtive pour feuilleter le livre caché sous leur chevet, d'avance elles sont perdues et il importe peu que l'œuvre qu'elles parcourent soit *Grandisson* ou *l'Arétin*.

En voilà assez. — En voilà même trop. — Pardon, lecteur, nous commençons.

---

C'était par l'une des dernières journées du mois de décembre de l'année 1845.

Le ciel était sombre et couvert, d'épais brouillards, s'élevant de la Seine, rampaient lourdement sur la grande ville, et, quoiqu'il ne fût guère que quatre heures de l'après-midi, la nuit approchait déjà.

En ce moment une jeune et jolie fille qui semblait épuisée de fatigue arrivait à Paris par la barrière du Roule.

Cette jeune fille pouvait avoir tout au plus

seize ans, et elle portait un costume qui, quoique très-simple, attirait en raison de son originalité la curiosité des badauds.

Ce costume consistait en une robe de laine à corsage brun et à jupe un peu courte rayée de blanc et de noir, laissant voir la naissance d'une jambe très-fine chaussée d'un bas bleu, et un pied charmant, malgré les gros souliers qui en exagéraient les proportions.

Un grand bonnet normand et un fichu d'indienne à fleurs complétaient la toilette de la jeune fille, laquelle tenait sur son épaule gauche, au bout d'un petit bâton de coudrier, un paquet peu volumineux enveloppé dans un mouchoir à carreaux.

Cette jolie enfant était Pivoine.

La plupart de nos lecteurs la connaissent de longue date, — du moins nous avons la présomption de le croire, — cependant nous devons ici (pour ceux qui n'ont point lu ou pour ceux qui ont oublié Les Chevaliers du lansquenet) rappeler en quelques lignes quel avait été le passé de notre héroïne, et pourquoi nous la voyons ainsi arriver à Paris, toute seule, à pied, et les yeux rougis par les larmes, à la fin d'une froide journée d'hiver.

Pivoine, gracieuse fleur des champs de Normandie, Pivoine, dont la charmante image avait passé trop vite parmi les sombres profils des personnages du livre que nous rappelions tout à l'heure, était fille unique du principal régisseur du vicomte Jules de Nodêsmes.

Naïve mais coquette enfant, elle avait pour la première fois senti battre son cœur à l'endroit du jeune vicomte, qui, tout aussi candide et plus timide qu'elle, lui parlait d'amour sous les splendides ombrages du parc de Nodêsmes, mais n'osait point, — chaste jeune homme, — lui baiser même le bout des doigts!

Le départ de Jules pour Paris, en compagnie de Georges d'Entragues le chef de la ténébreuse association des *Chevaliers du Lansquenet*, avait brisé dans sa fleur cette passion naissante.

Quelques mois plus tard Jules était revenu, mais cette fois il n'était plus seul. — Il amenait avec lui Danaë, la courtisane duchesse, et il ne songeait guère aux yeux si doux de son humble vassale.

Par malheur, en même temps que le vicomte, Georges d'Entragues, lui aussi, revenait à Nodêsmes. — Il eut une fantaisie pour Pivoine, et devint son amant.

Étrange mystère du cœur des jeunes filles!

Cet homme qui dès la première heure avait obtenu, presque par la violence, ce qu'elle eût refusé longtemps à la passion candide de Nodêsmes, fût pour elle, peut-être à cause de cela, le type suprême de la force unie à la beauté.

Elle l'aimait avec idolâtrie, avec respect, et aussi avec terreur.

Elle avait deviné cette nature énergique que rien n'arrêtait, que rien ne faisait plier.

Un sourire de Georges lui semblait une faveur inespérée, et quand le regard de son amant se faisait sombre, quand son front semblait rêveur, une tristesse immense et jalouse s'emparait de la jeune fille, car elle sentait que dans la vie du comte d'Entragues, elle la pauvre Pivoine, n'était rien, ne pouvait rien être.

Or, Georges n'était venu en Normandie que pour enlever mademoiselle de Choisy au ci-devant comte de Fly, devenu prince de Falckemberg, avec lequel M. de Choisy le père voulait la marier.

Un beau soir Pivoine fit écrouler en le touchant l'édifice des audacieux projets de Georges.

Tout était préparé, la chaise de poste attendait tout attelée, et, cette même nuit, le comte devait entraîner Esther de Choisy et partir avec elle pour Paris.

Le hasard voulut que Pivoine se trouvât dans le vestibule formant serre chaude, au moment où le dictateur des *Chevaliers du Lansquenet* rentrait au pavillon du parc, pavillon que Jules de Nodêsmes avait mis à sa disposition.

Souvent Pivoine allait passer de longues heures dans cette pièce, où, appuyée au rebord d'une caisse d'oranger, elle laissait aller son âme à quelque douce rêverie d'amour et de bonheur.

Ce jour-là elle éprouvait cette disposition d'esprit sombre et mélancolique, qui, quoi qu'on en dise, est l'avant-coureur de quelque événement funeste.

Une lampe mobile fixée contre la muraille ne répandait dans la serre qu'une lueur faible et indécise.

Georges en rentrant ne vit point Pivoine, masquée comme elle l'était par une double haie de grenadiers et de lauriers-roses.

La jeune fille allait lui parler quand elle

l'entendit pousser le double verrou de la première porte.

Cette circonstance l'étonna, et, le cœur agité d'une émotion instinctive, elle garda le silence et elle attendit.

M. d'Entragues monta dans sa chambre. — Au bout de peu d'instants Pivoine le vit revenir, enveloppé de son paletot et son chapeau sur la tête.

Au lieu de rentrer dans le parc par l'issue ordinaire, Georges ouvrit la porte dérobée qui donnait sur la campagne et sortit.

Dominée par un pressentiment jaloux, Pivoine rouvrit derrière lui la porte qu'il avait mal fermée et se mit à le suivre.

Grâce à l'obscurité profonde et aux difficultés du terrain, Georges marchait lentement, aussi n'eut-elle pas de peine, d'abord, à mesurer ses pas sur les pas de son amant.

Mais la route était longue. — Georges marchait toujours, et peu à peu la pauvre petite sentait son pied devenir plus lourd.

Tantôt elle heurtait un caillou, — tantôt elle froissait quelques amas de feuilles sèches.

Georges entendait ce bruit, — s'arrêtait brusquement et prêtait l'oreille.

Il cherchait alors d'un regard inquiet à percer l'épaisseur des ténèbres.

Mais dans ces moments Pivoine s'arrêtait haletante, — tout se faisait soudainement silencieux, et les ténèbres restaient insondables.

D'Entragues croyait s'être trompé et poursuivait sa route.

Plus d'une fois encore de semblables bruits vinrent agiter le cœur du nocturne aventurier sans qu'il lui fût possible d'en découvrir la cause.

Une vague inquiétude s'empara de son esprit et il se mit à marcher plus vite.

Enfin une faible lueur se dessina à quelque distance.

Cette lumière brillait à l'une des fenêtres du château de Choisy.

Georges touchait au but.

Il était temps. — Pivoine ne marchait plus qu'avec peine, et déjà une assez grande distance la séparait de M. d'Entragues.

Georges ouvrit la petite porte du jardin avec la clef qu'il avait achetée d'un domestique infidèle, et il entra.

Quand à son tour Pivoine arriva près de cette même porte d'Entragues avait disparu dans l'obscurité. — La jeune fille, — désespérant de pouvoir le rejoindre dans des lieux inconnus, — épouvantée d'ailleurs par la pensée de braver seule les ténèbres de cet endroit qui n'était plus la campagne, — s'adossa à la muraille, car ses jambes fléchissaient, et résolut d'attendre là son retour.

———

Au bout d'un quart d'heure à peine le comte d'Entragues, soutenant à son bras Esther pâle et tremblante, franchit la petite porte avec elle.

Une crainte vague fit tressaillir soudain mademoiselle de Choisy dont la main pesa plus fort sur le bras de son guide.

— Venez, Esther, — lui dit Georges, — venez et ne tremblez point ainsi, — je vous aime, vous le savez! — Je vous aime, je vous respecte, et toute ma vie est à vous !

Mais il n'avait point achevé cette phrase, quand une femme surgit devant lui dans les ténèbres en criant :

— Menteur ! menteur !

— Que veut dire ceci? — murmura monsieur d'Entragues, foudroyé par ce nouvel obstacle.

— Oh! qui que vous soyez, — continua l'apparition menaçante, en s'adressant à Esther, — oh! qui que vous soyez, n'écoutez pas cet homme! ne le croyez pas ! ne le suivez pas! — Il vous tromperait comme il m'a trompée, car il vous jure qu'il vous aime, et il est mon amant!... oui, mon amant!... l'amant de Pivoine!!!

Et Pivoine, car c'était elle, enlaçant Georges de ses deux bras, lui dit d'une voix suppliante, en passant sans transition de la fureur à la prière :

— Tu m'appartiens... tu es à moi... je t'aime, Georges... mon Georges... je t'aime... tu ne vas pas me quitter... ni m'abandonner... n'est-ce pas?...

Mais déjà M. d'Entragues avait pris un parti.

Il repoussa la pauvre enfant avec une telle violence, qu'elle alla tomber presque sans connaissance à quelques pas de lui, et il s'écria :

— Cette fille est folle, Esther! — elle est folle, je vous le jure, car moi, je ne la connais pas!

Mais Esther n'était plus là pour entendre ces mots; dès le début de la courte scène que nous avons racontée, elle s'était enfuie, saisie de terreur et d'indignation, dans les profondeurs du jardin.

D'Entragues se mit à sa poursuite sans parvenir à la rejoindre.

Lorsque, furieux et désespéré, il revint auprès de la petite porte, Pivoine avait disparu.

On ne la revit au château de Nodêsmes, ni cette nuit-là, ni le lendemain.

On n'entendit plus parler d'elle dans le pays.

Vainement son père désespéré, vainement

le vicomte lui-même firent toutes les démarches nécessaires pour jeter quelque lumière sur cette inconcevable disparition.

Tout fut inutile, et le bruit courut, — se répandit, s'accrédita, et finit par devenir généralement accepté, — que la pauvre Pivoine avait péri dans quelque étang.

Combien de vérités, soi-disant historiques, n'ont point de bases plus solides !

## CHAPITRE VII.

**L'arrivée.**

Voici les faits.

Pivoine s'était relevée, à moitié folle et le cœur brisé comme le corps, — elle s'était mise à fuir avec l'unique pensée de s'éloigner du lieu où se trouvait monsieur d'Entragues, et se disant que s'il la retrouvait après ce qui venait de se passer, il la tuerait pour se venger.

A cette frayeur qui l'exaltait jusqu'à la démence se joignit la crainte de son père. — Il lui sembla que si elle reparaissait devant lui il lirait sur son front sa honte et son malheur, il la chasserait et la maudirait.

Elle résolut donc de s'éloigner pour toujours.

Soutenue dans sa course rapide par cette force nerveuse qui ne manque jamais aux femmes dans toutes les occasions suprêmes, elle avait franchi avec une incompréhensible vitesse l'espace qui séparait le château de Choisy de celui de Nodêsmes.

Elle rentra dans le pavillon, puis dans le parc, et se glissa furtivement dans la maisonnette que son père occupait seul à quelques centaines de pas des bâtiments de service.

Elle entra pour la dernière fois dans sa chambre de jeune fille, — elle ouvrit les deux battants de sa grande armoire de noyer, enveloppa à la hâte dans un mouchoir d'indienne quelques effets d'habillement qui lui tombèrent les premiers sous la main, — elle mit à son cou la croix d'or qui lui venait de sa mère, — enfin elle prit une petite bourse contenant les pièces de *vingt sous* toutes neuves que son père lui donnait dans certaines circonstances solennelles, comme au premier de l'an et au jour de sa fête. — Ce pécule formait une somme totale d'environ dix-huit francs!

Ces courts préliminaires achevés, elle pénétra dans la chambre de son père, qui, parti le soir pour Granville, ne devait revenir que bien avant dans la nuit, — elle s'agenouilla devant le vieux fauteuil où il avait l'habitude de s'asseoir, elle mit sur le chevet de son lit le baiser d'un éternel adieu, puis, baignée de larmes muettes, éclatant en sanglots étouffés, elle sortit de la maison et du parc, et suivant la grande avenue dans toute sa longueur, elle atteignit la route de Paris.

Car c'était à Paris que Pivoine voulait aller.

Et si notre lecteur se demande quel était le but de la jeune fille en choisissant cette dernière ville pour son lieu de refuge, — nous répondrons qu'elle n'en avait aucun.

Que comptait-elle faire à Paris ?

Elle n'y songeait point.

Comment pensait-elle y vivre ?

Elle n'en savait rien, et ne s'en préoccupait pas.

Seulement, décidée comme elle l'était à fuir pour toujours, son père et son pays, il y avait dans ce mot magique : Paris, quelque chose qui l'attirait à son insu.

Nous pouvons d'ailleurs prendre sur nous d'affirmer que, quoique Pivoine ne fût point innocente, l'idée qu'une jolie fille pouvait à Paris vivre de sa beauté, ne s'était pas un instant présentée à son imagination.

———

Nous n'avons nullement le projet de raconter avec détails les petits incidents du long voyage de la pauvre enfant.

Elle marchait tout le jour, — s'asseyant sur un banc au bord de la grande route quand la fatigue la contraignait de s'arrêter.

Elle vivait de peu.— Du pain bis et de l'eau claire, voilà tout.

Le soir elle s'arrêtait dans quelque auberge de village et prenait la plus humble chambre.

Ce frugal régime explique comment elle vint à bout de faire face à toutes ses dépenses avec les dix-huit francs qu'elle avait emportés.

Cependant, au moment où nous venons de la retrouver atteignant la barrière du Roule après plus de quinze jours de marche, ses forces étaient épuisées comme son argent, et il n'y avait plus qu'une pièce de dix sous au fond de sa pauvre petite bourse vide.

Un peu ranimée par la certitude qu'elle touchait au but, Pivoine franchit assez lestement la grille flanquée de ses deux lourds pavillons, types disgracieux et inélégants de toutes les barrières de Paris.

Elle allait droit devant elle, portant comme nous l'avons dit son petit paquet sur son épaule au bout d'un bâton.

Un commis de l'octroi trouva suspect de la voir passer si vite, il crut à l'introduction clandestine de quelque denrée de contrebande et il cria :

— Ohé ! la fille ! — venez donc un peu par ici !

Pivoine, ne supposant pas que ces paroles s'adressassent à elle, continua sa route sans se retourner.

— Ohé ! répéta le commis ! — ohé ! la Normande !

Pivoine revint sur ses pas et demanda :

— Est-ce que c'est à moi que vous parlez, monsieur? — et elle accompagna ces mots d'une petite révérence.

— Oui, ma jolie fille, c'est à vous, — répondit le douanier.

— Qu'y a-t-il pour votre service, monsieur?

— Qu'est-ce que c'est que ça?

Et le commis toucha du bout du doigt le modeste bagage de la jeune fille.

— C'est mon paquet, monsieur.

— Je vois bien, mais qu'est-ce qu'il y a dedans?

— Deux chemises, — une robe, — un jupon, — quatre mouchoirs et deux paires de bas.

— Vous le dites, — répliqua le préposé, défiant par état, — mais il faut voir.

Pivoine dénoua le mouchoir d'indienne qui enveloppait son humble garde-robe, et le commis put constater l'exactitude de la déclaration qui venait de lui être faite.

— Est-ce que vous venez de loin comme ça, ma jolie fille? — demanda-t-il après avoir poliment renoué le petit paquet et l'avoir remis au bout du bâton de Pivoine.

— Oh! dame, oui, monsieur...

— Et d'où cela ?

— De Nodêsmes, monsieur.

— Nodêsmes! connais pas ! où est-ce ce pays-là ?

— C'est près de Granville, monsieur, — en Normandie.

— Et vous avez fait tout le chemin à pied?

— Dame! oui!

— Et où allez-vous?

— Ici, monsieur, à Paris.

— Et vous y venez pour la première fois?

— Dame! oui!

— Mais vous retrouverez-vous bien?

— Dame! je ne sais pas.

— Où demeurent les personnes chez qui vous allez?

— Je ne vais chez personne, monsieur.

— Au moins vous êtes recommandée à quelqu'un?

— Dame! non.

— Mais vous avez de l'argent, j'espère?

— Dix sous, monsieur!

— Ah! je comprends! — fit en riant le commis qui était un jeune homme, — vous venez chercher fortune à Paris? — vous avez d'assez beaux yeux, ma jolie fille, pour la rencontrer et pour l'attraper! — allons! bonne chance!

— Merci, monsieur, dit Pivoine.

Un vieil employé, à cheveux blancs et à figure morose, qui avait entendu la fin de cette conversation, intervint alors et dit d'un ton brutal :

— Elle vient chercher fortune à Paris! c'est-à-dire vendre de l'amour et mendier de l'or! — et tu lui souhaites bonne chance!! — La chance qu'elle aura, la fortune qu'elle attrapera, c'est la honte! la misère! le désespoir et l'hôpital! — Dieu est juste, et toutes les gueuses ne peuvent pas voler le pain, qui manque à tant d'honnêtes gens!!

Le jeune commis se mit à rire de cette tirade farouche, et Pivoine effrayée hâta le pas.

C'est sous le poids de cette prédiction sinistre qu'elle fit son entrée dans Paris.

———

La jeune fille descendit le faubourg du Roule dans toute sa longueur sans éprouver de trop grands étonnements.

Mais lorsqu'après avoir suivi, sans savoir où elle allait, la rue du Faubourg St-Honoré elle déboucha tout à coup dans la rue Royale, ayant à sa droite la place de la Concorde, à sa gauche la Madeleine, devant elle la rue Saint-

Honoré,—quand elle vit de toutes parts étinceler des milliers de lumières, car la nuit était venue et le gaz s'allumait,—quand elle aperçut l'interminable succession de voitures rapides qui, sillonnant chaque rue, se croisaient et se dépassaient, portant comme deux étoiles leurs lanternes rouges ou bleues,— et l'incessante procession des allants et des venants, —et tout ce mouvement enfin, tout ce tumulte et tout ce fracas, — elle sentit la stupeur et l'épouvante la gagner, la tête lui tourna, elle se jeta brusquement à droite du côté de la place Louis XV qui lui paraissait moins bruyante et moins illuminée, et qu'elle traversa dans toute sa largeur.

Arrivée à la hauteur du pont de la Concorde, elle prit à gauche et suivit ce quai presque désert qui longe le Jardin des Tuileries et aboutit au pont Royal.

Puis, de détours en détours et toujours marchant au hasard, elle arriva sur la place du Quai-aux-Fleurs près du palais de Justice, et, complétement épuisée par la fatigue, elle se laissa tomber plutôt qu'elle ne s'assit sur la margelle de la fontaine qui fait l'ornement de cette étroite promenade.

L'obscurité et la solitude étaient presque complètes sous les arbres dépouillés qui végètent plutôt qu'ils ne vivent au milieu des dalles du Marché-aux-Fleurs, — d'un côté le palais de Justice élevait ses masses sombres, — en avant la rivière roulait ses flots noirs et rapides, réfléchissant comme de longues traînées de feu les lumières du quai de Gèvres, — en arrière se dressaient de grands bâtiments sur la façade desquels les fenêtres du Prado se dessinaient étincelantes car c'était un soir de bal.

Assise, comme nous l'avons dit, dans l'ombre au bord de la fontaine, Pivoine pour la première fois depuis son départ comprit combien son isolement était complet, combien sa position était terrible.

Mais il était trop tard pour reculer. — Ce qui était fait, était irrévocable, et la pauvre enfant se trouvait pour jamais jetée, sans protections et sans appui, dans l'abîme de Paris.

Pendant quelques instants un désespoir amer s'empara de son cœur. — Elle se tordit les mains en pleurant et maudit le jour où elle était née.

Cette crise fut courte.

Dans une jeune âme, dans une nature presque vierge, la confiance est vivace, parce que les désillusions n'ont point été fréquentes, Pivoine essuya ses yeux et se dit :

— Dieu est bon! — il aura pitié de moi. — Il me tendra la main et me secourra!

Cependant une heure s'était écoulée, et la jeune fille avait faim.

Tout en cheminant dans les rues elle avait bien remarqué de riches magasins remplis de comestibles de toutes sortes, et des restaurants inondés de lumière, éblouissants d'argenterie et de cristaux, — mais elle comprenait que pour acheter ces beaux fruits, ces pâtés rebondis aux croûtes ciselées et dorées, ces friandises de cent espèces dont elle ne savait même point le nom, — ou pour s'asseoir à ces tables somptueuses, — il fallait beaucoup d'argent...

Or Pivoine avait dix sous!

Son appétit allait grandissant.

Heureusement elle aperçut à l'angle du

Pont au Change une marchande ambulante qui portait sur un éventaire une collection de ces pâtisseries vulgaires dans lesquelles il y a de tout, excepté de la farine pure et des fruits sains, et que le gamin de Paris chérit tout particulièrement sous les dénominations de : *Chaussons aux pommes*,— *Chaussons aux pruneaux*, etc...

Pivoine fit emplette de deux gâteaux pour quatre sous, et revenant s'asseoir sur son banc elle commença son triste repas.

Bien triste en effet, car le beurre rance et la pâte nauséabonde et moisie soulevaient à chaque bouchée le cœur de la pauvre enfant.

Mais elle avait faim et elle mangea.

Un marchand de coco passait sur le quai en agitant ses clochettes.

Moyennant un sou, Pivoine fut initiée aux

délices de ce breuvage détestable, mais innocent, qui consiste en une infusion d'un peu de bois de réglisse dans beaucoup d'eau de Seine.

Et Dieu sait si en ce moment elle regretta l'eau pure de ses fontaines.

Mais, nous le répétons, il était trop tard.

———

Dix heures venaient de sonner à l'horloge du palais de Justice.

Une animation extraordinaire commençait à régner sur la place.

Des fiacres remplis de monde passait d'instant en instant, et de ces fiacres partaient des cris bizarres, des exclamations bruyantes.

A travers les troncs noirs des maigres platanes, Pivoine, croyant rêver, apercevait une procession fantastique d'hommes et de femmes singulièrement vêtus, — chantant et gesticulant.

Les uns portaient des pantalons de velours noir à bandes rouges, constellées de boutons brillants.

Les autres, la figure blanchie avec de la farine, étaient habillés de larges sacs, faits en calicot blanc ou en toile à matelas.

Ceux-ci avaient des plumets rouges d'une hauteur invraisemblable.

Ceux-là portaient un tuyau de poêle en guise de coiffure.

Il y avait des femmes vêtues en hommes.

Il y avait des hommes habillés en femmes.

Et tous vociféraient joyeusement et à qui mieux mieux. — Seulement les mots qui parvenaient jusqu'à Pivoine, n'offraient aucun sens pour son oreille et pour son esprit.

— Ohé! les Titis! les chicards et les balochards! ohé!

— Ohé! les flambards!

— Ohé! les débardeurs! les soiffeurs! les noceurs!

— Ohé! les pierrots! les pierrettes! — Ohé! les *muffles*!

— Ohé! les enfants du carnaval, du festival et du bacchanal! Ohé!

Voilà ce que la jeune fille entendait et ne comprenait point.

Nous le répétons, il y avait tout simplement au Prado grande fête de nuit et bal masqué.

## CHAPITRE VIII.

**La première nuit.**

Minuit sonna.

La circulation des voitures avait à peu près cessé, les quais et la place du palais de Justice devenaient de plus en plus déserts.

On entendait seulement ces lointaines rumeurs qui s'élèvent, semblables au bourdonnement d'une ruche, des centres populeux de Paris, et par moments, à travers les fenêtres du Prado, s'échappaient les accords affaiblis de quelque polka torrentueuse, ou de quelque infernal galop.

Le froid devenait vif. — Pivoine grelottait sous ses vêtements légers.

Elle sentait bien qu'elle ne pouvait point passer en cet endroit le reste de la nuit, sous peine d'être morte le lendemain matin, — mais que faire? que devenir? où aller? — Voilà ce qu'elle ne savait pas.

Pivoine ignorait qu'il existe dans Paris certains bouges immondes, où moyennant deux sous on peut aller dormir, pêle-mêle avec l'écume des gens sans aveu, des filous et des vagabonds de la grande cité, — elle n'eût point osé d'ailleurs frapper à la porte d'un de ces asyles.

Elle se leva, — elle reprit son petit paquet, se rapprocha du quai, et, à demi cachée par un arbre contre lequel elle s'appuya, elle attendit.

— Il doit y avoir dans Paris, — se disait-elle, — quelque lieu de refuge dans lequel je serai reçue pour une nuit, je m'adresserai au premier passant et il me dira où je dois aller.

Mais personne ne venait, et la jeune fille dont les dents claquaient et dont les yeux se voilaient de larmes, revoyait par l'imagination, et la maisonnette de son père, et sa petite chambre si chaude, et son lit aux rideaux blancs.

Les damnés, quand ils rêvent le paradis, ne doivent point souffrir davantage en enfer.

Enfin Pivoine entendit un bruit de pas et

fit un mouvement pour marcher à la rencontre de l'arrivant.—C'était un homme du peuple à la figure ignoble, aux vêtements déchirés, et dont les allures saccadées et inégales témoignaient d'une ivresse à peu près complète.

Pivoine recula avec effroi.

Quelques soldats vinrent ensuite, accompagnés de filles qu'ils embrassaient bruyamment en chantant des refrains obscènes.

L'enfant se cacha de nouveau.

Tout d'un coup la pauvre fille eut un moment d'espoir.

Un monsieur d'un certain âge, décemment vêtu et pourvu d'une figure honnête, venait de son côté en suivant le milieu de la chaussée, en regardant à chaque pas, à droite, à gauche et derrière lui, et en frappant le pavé du bout de sa grosse canne pour épouvanter des malfaiteurs imaginaires.

Pivoine quitta son arbre et tremblante fit quelques pas.

Le bourgeois crut à une attaque, — s'arrêta inquiet, et se mit en défense avec son gourdin.

Cependant, voyant qu'il n'avait affaire qu'à une femme, il sembla se rassurer quelque peu.

— Monsieur... — murmura la jeune fille.

— Qu'y a-t-il? qu'est-ce que vous voulez?

Ces deux interrogations furent prononcées d'une voix menaçante.

— Monsieur... — répéta Pivoine — Je suis arrivée à Paris... aujourd'hui... Je n'y connais personne...

— Passez votre chemin! — interrompit le bourgeois. — Je n'ai pas de monnaie.

Et il fit un mouvement pour s'éloigner.

— Mais, monsieur — reprit l'enfant en posant sa main sur le bras de son interlocuteur pour le retenir, — je ne vous demande pas l'aumône! dites-moi seulement, au nom du ciel, où je puis coucher cette nuit...!

Le bourgeois, épicier marié et pudibond, se méprit complétement au sens de cette interrogation suppliante.

Il repoussa brutalement la jeune fille et s'écria :

— Où vous pourrez coucher, coureuse?... ça ne sera point chez moi à coup sûr! allez chercher vos chalands plus loin, et ne me touchez pas!

Puis il continua son chemin, laissant Pivoine seule et désespérée.

La jeune fille n'attendait plus rien, — elle se sentait perdue, complétement, irrévocablement !

Il fallait, à seize ans, au milieu de Paris — mourir d'une mort douloureuse et inévitable — sentir le froid engourdir peu à peu chacun de ses membres et glacer le sang dans ses veines.

C'était affreux !

Pivoine se dit qu'il valait mieux en finir tout de suite, elle acheva de traverser la chaussée, gagna le pont au Change, s'accouda au parapet et regarda la Seine qui coulait au-dessous d'elle.

La vue de ces flots noirs bruissant contre

les arches lui donna le vertige, — elle eut peur, — le cœur lui manqua, elle s'affaissa sur elle-même et se mit à sangloter amèrement.

Or, au moment même où Pivoine cessait de compter sur la Providence, la Providence venait à son secours.

Un nouveau personnage montait le pont au Change en fredonnant un couplet d'opéra comique.

C'était un grand jeune homme, — le cigare à la bouche et les mains dans ses poches, — il était coiffé d'un petit chapeau de marin *illustré* d'une multitude de rubans de toutes les couleurs.

Sur un costume de débardeur il portait un paletot brun, et sa longue écharpe rouge à franges d'or lui tombait jusque sur les talons.

Sa figure, jolie mais fatiguée, avait une expression de bonhomie spirituelle, — ses cheveux naturellement bouclés étaient noirs et abondants, ainsi que ses moustaches retroussées d'une façon gaillarde.

Il s'approcha de Pivoine et à la vue du bonnet normand de la jeune fille il s'écria :

— Tiens! une femme déguisée ! — puis il ajouta : — Qu'est-ce que tu fais donc là, ma chérie ? — est-ce que t'es *pocharde* par hasard ?

La jeune fille releva la tête et laissa voir son visage inondé de larmes.

— Elle pleure,—poursuivit le jeune homme étonné, — quelle bêtise! Tu viens du bal et tu pleures!—Voyons, ma fille, est-ce que c'est le Champagne qui te fait cet effet-là ? (On en a vu des exemples!) ou bien est-ce que tu as du chagrin ? — Ton amant t'a peut-être fait des traits! dame, ça se peut et c'est triste, je ne dis pas! mais il ne faut point se désoler pour ça! A quoi ça sert-il?

— Monsieur... — murmura Pivoine, — ayez pitié de moi...

—Mais sapristi, je ne demande pas mieux!.. d'abord relève-toi, et puis tu me raconteras ton affaire... Je vois ça d'ici, — en rentrant du bal avec ton amant vous avez eu *des mots*, et il t'a flanquée à la porte!—c'est pas gentil!!

Tout en parlant le jeune homme avait pris la main de Pivoine pour lui aider à se relever, car elle était accroupie sur le pavé.

— Comme tu as froid! — continua-t-il, — mais tu es glacée, pauvre fille! il y a donc bien longtemps que tu es dehors...?

— Oh! oui... bien longtemps... depuis avant la nuit, j'attends... là.

Et du geste Pivoine désigna la place du Marché-aux-Fleurs.

— Allons donc! tu veux rire!!!

Pivoine ne répondit pas, — elle ne pouvait plus ni parler, ni se soutenir.

Le jeune homme s'aperçut de cette complète défaillance, et, ne sachant encore à quoi l'attribuer, il prit Pivoine dans ses bras pour la porter jusque sous la clarté d'un bec de gaz.

— Nom d'une pipe! — s'écria-t-il alors — comme elle est jolie, mais comme elle est pâle!!

Puis, apercevant le petit paquet que la jeune fille n'avait point lâché, et regardant mieux son costume, il ajouta :

— Décidément elle n'est pas déguisée, — c'est une Normande au naturel, qui arrive, par le coche, de la patrie du cidre! — pourquoi diable pleurait-elle donc comme ça tout à l'heure? — c'est peut-être tout bonnement le froid, — dans tous les cas, malgré ses yeux rouges et ses joues blanches, elle est bigrement jolie!!!

En ce moment Pivoine sortit à demi de l'état d'anéantissement profond dans lequel elle était plongée, — mais elle ne reprit guère que le sentiment de la souffrance physique, son intelligence engourdie comme ses membres ne lui permettait point de se rendre nettement compte de ce qui se passait auprès d'elle.

— J'ai bien froid... — dit-elle d'une voix à peine distincte...

Le jeune homme ôta le paletot qui recouvrait son costume et le posa sur les épaules de Pivoine.

La jeune fille se blottit instinctivement dans les plis de ce vêtement chaud.

— Voulez-vous venir chez moi ? — lui demanda son compagnon.

— Oui, — murmura-t-elle.

— Pourrez-vous marcher ?

— Je tâcherai.

— D'ailleurs c'est tout près. — Allons ! en route ! — appuyez-vous sur mon bras, et ferme ! — Quand je vous ai rencontrée, ma fille, j'allais un peu flâner au bal de l'Opéra en sortant du Prado ! — Mais bah ! j'ai joué à qui perd gagne !

Pivoine, soutenue par le jeune homme, essaya quelques pas chancelants qui s'affermirent peu à peu, à mesure que le mouvement rappelait la circulation du sang dans ses membres roidis,—et, au bout de dix minutes de marche, tous deux s'arrêtèrent devant un petit hôtel garni de la rue de La Harpe, — *l'Hôtel de Germanie.*

Le débardeur sonna vigoureusement et la porte s'ouvrit aussitôt.

— Nous voici rendus à domicile, franc de port ! — Entrez, ma fille. — dit-il en introduisant Pivoine dans une allée étroite et sombre, au bout de laquelle brillait une faible lueur derrière les vitres d'une sorte de loge baptisée du nom pompeux de Bureau.

— Qui va là ? — grogna dans cette loge une voix ensommeillée.

— Moi, le n° 6, — répondit le débardeur,

allumez ma bougie, Antoine, et vite, j'amène du sexe.

— Voilà, m'sieu Virgile, voilà.

On entendit le crépitement d'une allumette chimique frottée contre le mur, et un garçon presque en chemise, coiffé d'un majestueux bonnet de coton blanc, apparut sur le seuil du bureau et tendit au nouveau venu une bougie et une clef, tout en observant à la dérobée Pivoine qui s'appuyait à la rampe.

— Prenez mon bras, — dit le jeune homme, et montons, — ça n'est pas haut.

En effet le n° 6 était au deuxième étage.

— Asseyez-vous, ma fille, — ajouta le débardeur en poussant un fauteuil à côté de la cheminée, — je vais faire du feu.

Il y avait dans le foyer un amas de bûches et de petit bois, fort artistement disposé, — une feuille de papier et une étincelle suffirent pour en faire jaillir une flamme petillante et joyeuse.

Cette flamme, jointe à la clarté des deux bougies de la cheminée que le débardeur alluma, éclairèrent brillamment la chambre dans laquelle ils se trouvaient, chambre que Pivoine parcourut d'un regard à la fois étonné et inquiet.

C'était une pièce de moyenne grandeur, semblable à tous les logis d'étudiants, dans les plus modestes hôtels du quartier latin.

Le papier gris à rosaces qui recouvrait les murs était devenu d'un jaune sombre.

Le lit en acajou *à bateau* s'entourait de draperies de calicot blanc à bordures rouges, pareilles aux rideaux des fenêtres.

Il n'y avait point de parquet, mais bien un carreau rouge, ciré et luisant.

Dans un des angles de la chambre une commode.

En face un *sopha* recouvert en vieux velours d'Utrecht, jadis rouge, avec deux fauteuils assortis.

Un petit bureau à côté de la cheminée, — une table ronde au milieu de la chambre et deux chaises de paille. — Voilà pour le mobilier.

C'était, on le voit, plus que mesquin, mais certains détails venaient donner de la physionomie, si nous pouvons ainsi parler, à cette triste pièce.

Ainsi les murs étaient ornés d'un certain nombre de lithographies de Gavarni, — des plus lestes, mais des mieux choisies.

De chaque côté de l'ignoble pendule de palissandre à colonnes, il y avait de jolies statuettes de Pradier, représentant de jeunes femmes simplement vêtues de leur chasteté.

Auprès de ces statuettes, plusieurs bouteilles de formes diverses, promettaient des échantillons de liqueurs de tous les pays, car on lisait sur leurs étiquettes : *Rhum de la Jamaïque,* — *Eau-de-vie de Dantzick,* — *Curaçao de Hollande,* — *Anisette de Bordeaux,* etc...

Une douzaine de verres, grands et moyens, les uns intacts, les autres notablement ébréchés, escortaient ces flacons.

De petits tas de cendre, résidus des cigares et des pipes, s'amoncelaient par places sur le marbre de la cheminée et sur celui de la table ronde.

Le bureau supportait quelques livres parmi lesquels on remarqua un exemplaire des *Codes Français*, reconnaissable à sa tranche bigarrée.

Les autres étaient des romans alors en vogue : *les Mystères de Londres*, et *le Château des Pyrénées*.

Enfin, pour ne rien oublier, une panoplie d'un genre nouveau se composait de deux fleurets avec les masques et les gantelets, — d'une queue de billard richement incrustée, — d'une rame de canotier parisien, — et d'une longue pipe algérienne.

Le plus complet désordre régnait dans toute la chambre.

Des vêtements épars traînaient à droite et à gauche.

Il y avait des bottes sur les chaises, — des pantoufles sur le lit, — et une robe de chambre par terre.

## CHAPITRE IX.

**La première nuit.**

(*Suite*).

Cependant Pivoine demeurait immobile et muette, étendue dans le fauteuil que Virgile avait approché de la cheminée ; — elle était engourdie d'esprit comme de corps, et d'ailleurs absorbée tout entière par la sensation d'une douce chaleur dissipant peu à peu le froid cuisant qui, depuis tant d'heures, la pénétrait jusqu'à la moelle des os.

Virgile avait remplacé sa veste de débardeur par la vieille robe de chambre de flanelle à carreaux, et venait de poser sur sa tête un *fez* algérien de laine rouge, à houppe bleue et à gland d'or.

Il s'assit en face de Pivoine.

Le sang remontant avec violence au visage de la jeune fille doublait les fraîches couleurs de ses joues et donnait à ses yeux un éclat singulier.

— Sapristi ! — pensa l'étudiant — cette petite est beaucoup plus jolie que la mère des Amours ! — par Cupidon, je suis un heureux coquin !

Il garda le silence pendant quelques secondes, absorbé par des réflexions fort anacréontiques, puis une idée subite lui traversant l'esprit, il s'écria vivement :

— Mamzelle...

Pivoine le regarda sans répondre.

— Vous devez avoir faim, — poursuivit Virgile, — voulez-vous souper?

— Oui, — répondit machinalement la jeune fille.

— Bravo! — fit l'étudiant, et il mit en branle un vieux galon fané qui servait de cordon de sonnette.

— Au bout de cinq minutes le garçon de l'hôtel apparut, frottant de ses deux poings ses yeux gros de sommeil.

— Antoine... — dit le jeune homme.

— M'sieu Virgile... — répondit le domestique.

— Je veux souper.

— Ah!

— Qu'est-ce qu'il y a dans la maison?

— Ma foi! il n'y a rien.

— Comment! rien! — ça n'est pas possible!

— Si m'sieu... — excepté un demi-poulet froid et un jambonneau.

— Et tu appelles ça *rien!* imbécile! — monte le poulet et le jambon, ça me suffira.

— Oui; mais c'est que madame a dit qu'on les lui garde pour son déjeuner de demain matin.

— Je m'en fiche pas mal! madame enverra chercher autre chose, ou ne déjeunera pas — à son choix, — moi, j'ai faim et je veux souper; ainsi monte les comestibles.

— J'y vas.

— A propos, Antoine, écoute.

— M'sieu?

— Il me faut du champagne.

— Oh! oh! — fit le garçon avec un rire niais.

— Qu'est-ce que tu as donc à rire? ne me comprends-tu pas?

— *Si fait!* m'sieu veut du champagne, mais ça ne se peut pas.

— Pourquoi donc?

— Parce que madame l'a défendu; m'sieu sait bien que la dernière fois que son *papa* est venu à Paris et qu'il a payé la note à madame, il s'a mis en colère parce qu'il y avait du Champagne dessus; il a dit que c'était la perdition des jeunes gens, et qu'il ne payerait plus si l'on en fournissait encore à M'sieu.

— Il y a du vrai dans ce que tu dis là; mais fais bien attention à ceci, Antoine... L'immortel Molière nous l'apprend par la bouche du grand Tartuffe :

Il est avec le ciel des accommodements !

— Ça se peut bien, m'sieu !

— Voici où j'en veux venir... Combien coûte le vin d'Argenteuil que madame vend à ses locataires sous le pseudonyme de *Mâcon vieux* ?

— Vingt sous la bouteille.

— Et le Champagne ?

— Cinq francs.

— Monte-moi donc une fiole de Champagne et fais mettre sur ma note cinq bouteilles d'Argenteuil; voilà comme ça se joue!

— Tiens! tiens! tiens! — fit le domestique ébahi de ce dénouement inattendu et de la façon victorieuse dont Virgile tranchait le nœud gordien.

— As-tu compris?

— Oh! pour ça, oui.

— Eh bien alors, marche!

— J'y vas, m'sieu.

En effet Antoine descendit lourdement, et l'étudiant se hâta de débarrasser la table ronde qu'il approcha du feu.

Pivoine, toujours plongée dans une lourde somnolence, avait assisté au précédent entretien sans l'écouter ou sans en deviner le sens.

Le domestique reparut, chargé de plats, d'assiettes, et portant la précieuse bouteille soigneusement encapuchonnée dans une mince feuille de plomb.

— Allons, — dit Virgile, — pose tout ça sur la table, et file, je n'ai plus besoin de toi, va dormir.

Le garçon ne se fit point répéter deux fois cet ordre bien venu, et sortit en grande hâte.

Virgile poussa le verrou derrière lui et se rapprocha de Pivoine.

— Eh bien, ma chère petite, — lui demanda-t-il, — allez-vous un peu mieux?

— Oh! oui, — répondit la jeune fille.

— Ces jolies mains ne sont plus aussi glacées, j'espère, — ajouta l'étudiant, en prenant l'une des mains de Pivoine qui le laissa faire.

— Je tremble encore un petit peu, — dit-elle, mais ça se passe.

— Vous allez boire une gorgée de cette tisane, et il ne sera plus question de rien.

Et Virgile, dénouant le fil de fer avec la pointe de son couteau, décoiffa la bouteille dont le bouchon vola au plafond.

— C'est du cidre... — dit la jeune fille en voyant la mousse blanche remplir un des deux verres.

— Première qualité! — répondit Virgile en riant, — Avalez-moi ça!

Il présenta le verre à Pivoine qui le vida d'un trait.

— C'est bon, — fit-elle; — mais ça n'a pas le goût de notre cidre de Normandie.

— C'est que celui-ci vient d'Épernay, mais il réchauffe plus que l'autre. — Qu'en dites-vous?

La jeune fille ne répondit point. — Déjà elle éprouvait une sensation puissante et inconnue, — une chaleur singulière s'infiltrait dans ses veines, — son sang coulait plus vite, et, comme l'avait annoncé Virgile, les derniers vestiges de sa torpeur se dissipaient rapidement.

Elle se leva et se trouvant debout devant la glace elle y jeta un coup d'œil interrogateur.— Un sentiment de pudique coquetterie la fit alors rougir à la vue du désordre de sa coiffure, désordre qui cependant ne nuisait en rien au charme de son délicieux visage.

Quelques mèches de ses cheveux noirs encore humides s'échappaient de son bonnet normand et couraient le long de ses joues, et sur son cou blanc et délicat.

En une seconde elle eut régularisé et lissé ses bandeaux. — Virgile la regardait faire en souriant.

— Voyons, — lui dit-il, — vous êtes suffisamment jolie comme cela, asseyez-vous, et soupons.

— Je veux bien, — répondit Pivoine. — Mais vous ne me ferez pas boire beaucoup de cidre, — il est trop fort.

— Soyez tranquille, — répliqua l'étudiant, ce cidre-là ne fait jamais de mal.

Pivoine s'assit, mais au lieu de manger elle se mit à regarder son hôte qu'elle voyait distinctement alors pour la première fois, car, grâce à son engourdissement précédent, elle ne savait point encore si l'homme chez qui elle se trouvait, était jeune ou vieux, grand ou petit, beau ou laid.

Le résultat de cet examen fut satisfaisant. — Virgile qui s'en aperçut à l'expression du regard de la jeune fille, polit sa moustache et enfonça de plus belle son *fez* rouge sur l'oreille droite.

— Comment vous appelez-vous, ma charmante enfant? — demanda-t-il alors.

— Pivoine, monsieur.

— Oh! le joli nom! — joli comme vous, Pivoine!

— Et vous, monsieur, comment vous appelez-vous? — dit la jeune fille à son tour.

— Virgile.

— Ah! — fit la Normande avec une petite moue un peu moqueuse.

— Je conçois, — reprit l'étudiant, — je conçois que mon nom vous soit inconnu, quoique porté jadis à Rome par un homonyme assez célèbre; néanmoins, tel qu'il est je le mets à vos pieds, conjointement avec tout le reste de ma personne et de ma position sociale, consistant en huit inscriptions de l'École de Droit, — deux mille quatre cents livres de pension annuelle payable par douzièmes, et un père très à son aise qui réside à Bar-sur-Aube! — j'y joins pour mémoire un cœur presque neuf, un physique dont on a la bonté de dire quelque bien, — un talent d'amateur fort distingué sur le cornet à piston, — une spécialité brillante dans la Cachucha parisienne, — l'art de faire le punch, — et la science du carembolage ! — Voilà !

Cette tirade grotesque ne fit point sur Pivoine l'effet que Virgile en attendait. — La jeune fille ne comprit rien à cette phraséologie prétentieusement triviale qui n'a de sens bien précis que parmi les habitués du quartier latin. — Cependant, comme elle devina que l'étudiant avait eu l'intention de lui dire quelque chose d'agréable, elle montra dans un sourire les deux rangées de perles qui lui servaient de dents. (Style Dorat.)

— Mangez donc, chère petite, — dit Virgile en posant une aile de poulet sur l'assiette de la jeune fille, et en remplissant son verre qu'elle vida pour la seconde fois.

Qu'on envisage la situation de Pivoine, qu'on se reporte par le souvenir aux cruelles épreuves physiques qu'elle venait d'avoir à subir, et l'on comprendra comment ce deuxième verre de vin suffit pour faire naître en elle un commencement de surexcitation nerveuse, que Virgile se promit bien d'augmenter à son profit.

— Cher amour, — murmurait-il en lui serrant la main et en se penchant vers elle, — nous allons faire de la vie un véritable paradis, car nous allons nous adorer... Je t'adore déjà, Pivoine, et toi, tu m'aimeras bientôt, n'est-ce pas?

— Oui... oui... — répondait la jeune fille, dont les pensées confuses tourbillonnaient déjà, et qui n'entendait que comme à travers un nuage la voix et les paroles de l'étudiant.

— Tout ce que tu voudras, je te le donnerai, — continuait ce dernier, — des robes de soie, des châles Ternaux, rien ne sera trop coquet, ni trop cher, j'ai cent louis de pension, et d'ailleurs je ferai des dettes! tu seras la mieux mise de toutes les maîtresses d'étudiants, comme tu en es la plus jolie! — je te mènerai partout, au spectacle, au bal, — au bal surtout, n'est-ce pas, mes amours?

— Oui… oui… — répliquait encore Pivoine, agitée déjà de tressaillements nerveux.

— Mais tu ne me réponds qu'à peine, ma chérie, on dirait que tu souffres, — tu ne bois pas, tes jolies lèvres sont sèches et brûlantes, tiens, Pivoine, tiens.

Et l'étudiant approcha de la bouche de la jeune fille la mousse écumante d'un verre rempli jusqu'au bord.— Elle but de nouveau, sa tête se renversa, ses yeux se fermèrent à demi, et un anéantissement presque complet succéda à son agitation précédente.

Une ardente rougeur envahit son visage, elle passa deux ou trois fois la main sur son front et sembla s'assoupir en murmurant d'une façon à peine distincte :

— J'ai trop chaud... je brûle...

Virgile comprit à merveille le sens de ces paroles, et il enleva le bonnet normand que portait Pivoine, dont les traits en se détendant annoncèrent un soulagement immédiat.

Il put alors admirer dans toute leur splendeur les masses opulentes de la chevelure de la jeune fille, sur lesquelles elle appuyait sa tête.

Il ne sut pas résister au désir de dénouer cette couronne splendide, et, pour nous servir de l'expression ravissante d'un vieux poëte, de baigner ses mains caressantes dans les ondes de ces beaux cheveux.

C'était facile, — Pivoine ne compliquait sa coiffure ni d'épingles ni de rubans, un petit peigne très-simple mordait seul et retenait en place ses nattes négligemment tordues. — Virgile ôta ce peigne et Pivoine disparut à demi sous une mantille de velours

<pre>        Plus longue qu'un manteau de roi !</pre>

Comme l'a dit Alfred de Musset, l'un des charmants génies de notre siècle.

Une rapide ivresse amoureuse passa comme une flamme dans tout le corps de l'étudiant, il se mit à genoux devant la jeune fille et couvrit de baisers cette chevelure éparse qu'il rassemblait à grand'peine et que ses deux mains ne pouvaient contenir.

Cependant Pivoine parut sortir à demi de son profond assoupissement, et murmura de nouveau :

— Je brûle... j'étouffe...

Ces quelques mots servirent de prétexte à Virgile pour enlever le fichu qui couvrait les épaules de l'enfant — il brisa les agrafes de la robe, essaya de délacer le corset, et, n'y pouvant parvenir, il prit un couteau sur la table et trancha les cordons.

L'instant d'après Pivoine était à demi nue entre ses bras et il appuyait ses lèvres ardentes sur la naissance d'une gorge, aussi pure, aussi ferme, aussi blanche, que si le ciseau de quelque Phidias venait de la tirer d'un bloc immaculé de marbre de Carrare.

Cependant la jeune fille frissonnait et palpitait à son insu sous ces baisers, sous ces caresses, — sa bouche s'entr'ouvrait et ses lèvres devenaient humides.

L'étudiant, embrasé de plus en plus par ces indices de volupté, unit sa bouche avide à la bouche amoureuse de Pivoine, et sentit qu'elle lui rendait à demi son baiser.

— Vivat! — s'écria-t-il, en soulevant dans ses bras et en emportant vers sa couche la proie dont il se croyait sûr.

Tandis qu'il marchait l'enfant se pressait contre sa poitrine, et il l'entendit murmurer :

— Georges... mon Georges... je t'aime !...

Virgile s'étonna de ces mots et de ce nom mais avança toujours. — Il touchait presque au lit, quand soudain Pivoine ouvrit les yeux, le regarda d'un air effaré, puis, poussant un grand cri, s'arracha de ses bras, et courut se réfugier dans un coin de la chambre où elle s'efforça de voiler son beau sein avec ses longs cheveux et ses deux petites mains.

Virgile, accoutumé aux feintes et frêles résistances des faciles beautés du quartier Saint-Jacques, supposa que la jeune fille voulait tout simplement donner plus de prix à la victoire, en reculant quelque peu l'instant de sa défaite, il se rapprocha d'elle, et, cherchant à l'enlacer dans une nouvelle étreinte, il essaya de lui fermer la bouche avec des caresses.

Pivoine le repoussa violemment. — Elle semblait folle et ses yeux hagards exprimaient une étrange épouvante.

C'est qu'en effet, pendant les quelques minutes de sa rapide ivresse, la pauvre enfant avait fait un beau rêve, un doux rêve d'amour qui l'avait reportée à ces jours de bonheur où Georges d'Entragues lui promettait de tant l'aimer...

Et voici que tout d'un coup elle se trouvait face à face avec la réalité, — seule et presque nue, — dans une ville étrangère, — dans une chambre inconnue, — avec un inconnu.

Aussi elle avait peur et elle sentait sa tête s'égarer.

# CHAPITRE X.

**La première nuit.**

(*Suite.*)

Virgile, ne pouvant croire encore à la réalité de cette défense opiniâtre, essaya de ressaisir Pivoine, en lui disant d'une voix moitié tendre, moitié colère, car l'impatience commençait à le dominer :

— Pourquoi résister, chère petite, pourquoi me repousser ? — Viens, ma Pivoine !

— Je t'aime, — je t'adore, — c'est le bonheu qui nous attend, qui nous appelle!.... Viens, mes amours, viens donc vite!

Pivoine se débattit, mais elle était la plus faible, et, pour la deuxième fois, Virgile l'emporta vaincue.

Tout n'était point fini cependant.

La jeune fille, rassemblant ce qui lui restait de forces, se tordit comme une couleuvre, échappa de nouveau à l'étreinte frénétique de l'étudiant, et tombant à genoux devant lui, les yeux baignés de pleurs, les mains jointes, la poitrine soulevée par des sanglots convulsifs, elle murmura ces mots à peine distincts :

— Ayez pitié de moi! ayez pitié de moi!!

Il y eut dans l'accent de cette simple prière quelque chose de si profondément touchant, que Virgile, subjugué malgré lui, recula de deux pas, regarda d'une façon presque paternelle l'enfant ainsi prosternée, et comprit qu'il serait lâche d'obtenir par la violence ce qu'il eût été si doux de devoir à l'amour.

Une courte lutte venait de s'établir entre les sens exaltés et le cœur du jeune homme, — le cœur eut le dessus, et Virgile dit d'une voix à peu près calme :

— Ah çà, Pivoine, vous ne m'aimez donc pas!!

— Comment vous aimerais-je — répondit l'enfant tremblante encore, — comment vous aimerais-je? — je ne vous connais point.

—C'est une mauvaise raison, car moi, je ne vous connais pas davantage et je vous ai aimée tout de suite!... enfin, ce qui est différé n'est pas perdu ! — n'ayez plus peur, chère petite, je vous donne ma parole d'honneur de ne pas vous toucher le bout du doigt sans votre permission.

Pivoine, rassurée par l'évidente bonne foi de Virgile, se releva, rajusta tant bien que mal son petit fichu d'indienne pour remédier à l'excessif désordre de son costume et revint timidement s'asseoir au coin du feu.

— Voyons, — dit alors l'étudiant, — séchez ces vilaines larmes qui rougissent vos jolis yeux... j'ai eu tort, je l'avoue, j'ai agi tout à l'heure comme un sot et comme un brutal, mais il ne faut pas m'en vouloir... ç'a été plus fort que moi...

— Je ne vous en veux pas, — murmura Pivoine.

— A la bonne heure ! faisons la paix, et en signe de réconciliation donnez-moi votre petite main.

La jeune fille la lui tendit, en souriant à travers ses pleurs.

— Mais ce n'est pas de tout cela qu'il s'agit... — reprit Virgile, vous devez être épuisée de fatigue... vous n'en pouvez plus, n'est-ce pas?

— Dame! c'est vrai...

— Eh bien, il faut vous coucher.

— Ici?

— Certainement! où diable pourriez-vous aller?

Pivoine ne répondit rien, mais secoua la tête.

— Je comprends, — poursuivit l'étudiant, — vous vous défiez de moi, hein?

— Dame... un peu!

— Et vous n'avez peut-être pas tort, car enfin, seul avec vous, à deux heures du matin, qui pourrait répondre de soi? mais soyez tranquille, je fuirai le danger...

— Comment cela?

— Je vais m'en aller.

— Vous?

— Oui.

— Où donc?

— Au bal de l'Opéra, parbleu! — j'y volais quand je vous ai rencontrée... j'y retourne.. je tâcherai de me figurer en y arrivant que j'ai pris le plus long! ça sera difficile; mais que voulez-vous? il le faut!!

— Ah! monsieur, comme vous êtes bon!

— N'allez-vous pas me remercier à présent,

ça serait drôle !... allons, je file ! — couchez-vous donc, Pivoine, et dormez, vous en aurez le temps, je ne rentrerai guère avant dix heures du matin, après déjeuner.

Tout en parlant Virgile échangeait de nouveau sa robe de chambre contre la veste de débardeur, — il s'enveloppa de son manteau, alluma un cigare, et ajouta en s'approchant de la jeune fille :

— Décidément, tout bien considéré, c'est beau comme l'antique, ce que je fais là, et Scipion, si renommé pour sa chasteté fabuleuse, n'était auprès de moi qu'un bien petit héros ! octroyez-moi donc généreusement la récompense qui m'est due, en me donnant de bonne grâce...

— Quoi, monsieur?

— Un baiser, un tout petit baiser.

Pivoine, rougissante comme la fleur dont elle portait le nom, abandonna sa joue aux lèvres de l'étudiant qui ne les en détacha point sans peine.

Ceci fait, Virgile entrebâilla la porte dont il jeta la clef sur les genoux de la jeune fille en disant :

— Enfermez-vous, et n'ouvrez à personne !

Puis il sortit et cria depuis l'extérieur :

— Bonne nuit, mes amours ! dormez bien, et rêvez de moi !

— Bonsoir, monsieur, — répondit Pivoine, qui, tout en allant pousser les verrous, entendit le bruit des pas de l'étudiant s'affaiblir et se perdre dans la spirale de l'escalier.

La jolie Normande revint s'asseoir alors,

l'esprit plus calme, quoique agité par de sombres pressentiments.

A peine dans la grande ville depuis quelques heures, elle avait eu déjà une lutte terrible à soutenir,—qu'est-ce donc, mon Dieu, que lui réservait l'avenir?

Malgré la double sécurité que lui devaient inspirer sa solitude complète et la porte bien close, elle n'osa point se déshabiller et se coucher, — elle rajusta au contraire, aussi bien qu'elle le put, les lacets brisés de son corset, elle agrafa sa robe et prenant une couverture dans laquelle elle s'enveloppa, (car le feu s'éteignait et l'atmosphère devenait glaciale,) elle s'étendit dans le vieux fauteuil, appuya ses pieds endoloris sur les bâtons d'une chaise, et s'endormit presque aussitôt d'un sommeil lourd et profond, mais peuplé de visions sinistres.

Il était grand jour quand le bruit de coups violents et répétés l'éveilla en sursaut.

En même temps elle entendit la voix de Virgile qui criait :

— Sacredieu, voulez-vous m'ouvrir ! Dépêchez-vous, ou je démolis la baraque !

Elle courut à la porte.

---

Pour l'intelligence de la scène suivante il est utile de dire en quelques mots comment Virgile avait employé le reste de sa nuit.

D'abord, et tout en quittant l'hôtel garni de la rue de la Harpe il avait entamé un long monologue roulant sur la double manière d'envisager le rôle qu'il venait de jouer auprès de Pivoine, monologue qui pouvait se résumer par ces questions nettement posées :

— Suis-je un *mortel vertueux?*

— Suis-je un *jobard?*

Interrogations auxquelles il répondait, tantôt :

— Oui, je suis un *mortel vertueux*, car j'ai su commander à mes passions et j'ai respecté l'innocence !

Tantôt :

— J'ai dans ma chambre et dans mon lit la plus jolie fille de la terre, et, au lieu de tirer parti de cette situation gracieuse, je me laisse effaroucher par deux ou trois larmes postiches, — j'abandonne à la donzelle l'exclusive jouissance de mon domicile, et je me mets à la porte moi-même ! Parole d'honneur, ceci est d'une outrecuidante naïveté, et certainement je suis un *jobard!*

Flottant ainsi entre ces deux solutions diamétralement opposées Virgile atteignit la rue Lepelletier, et les triomphes bien flatteurs pour son amour-propre qu'il obtint incontinent dans les quadrilles les plus *Chocnosophes* et dans les polkas les plus tourmentées, l'absorbèrent momentanément tout entier.

Vers les six heures du matin un déjeuner chez Vachette fut organisé par notre étudiant, conjointement avec une douzaine de *viveurs* et de *viveuses* de sa connaissance.

Là, Virgile, excité par de nombreuses libations, raconta son aventure aux bruyants et joyeux convives.

A peine avait-il terminé, qu'un immense éclat de rire s'éleva de tous les points de la table et fut suivi d'une clameur ironique, qui fit trembler les frêles cloisons du cabinet.

Puis un déluge de railleuses épigrammes commencèrent à pleuvoir sur l'étudiant.

Hommes et femmes, ce fut à qui lui décocherait la plaisanterie la plus acerbe, le lazzi le mieux acéré.

Quelques-uns le comparèrent au chaste *Joseph* chez la femme de Putiphar.

D'autres réclamèrent pour lui le prix Monthyon et l'insertion au *Moniteur*.

Une jeune Lorette appela le garçon et lui dit en désignant Virgile :

— Une couronne de rosière à Monsieur! allons vite! et servez froid!

Bref l'étudiant, percé à jour, semblait écrasé sous le poids du ridicule, quand soudain il se leva, prit une bouteille de Madère, l'éleva à la hauteur de sa bouche et en avala le contenu jusqu'à la dernière goutte, puis, laissant retomber le flacon vide sur la table où il se brisa, du geste il imposa silence aux convives en s'écriant :

— Pas si haut, messieurs, pas si haut, car la partie n'est point encore perdue ! — il est huit heures, montre en main, — je vous quitte, je saute dans un cabriolet, je cours chez moi, et, à neuf heures sonnantes, je reparais au milieu de vous, le front couronné de myrtes et de lauriers, en vous disant comme César : — *Je suis venu! — J'ai vu! — J'ai vaincu!*

Et Virgile, s'échappant au milieu des bravos qui accueillaient son *speach*, gagna le boulevard, s'élança dans une voiture de place et dit au cocher :

— Rue de la Harpe, hôtel de Germanie.— Vingt francs pour toi si nous sommes revenus dans une heure au café Vachette.

Le cheval partit au galop.

Mais il est une chose que l'étudiant n'avait point prévue.— C'est l'effet qu'allait produire sur lui l'atmosphère glaciale du matin.

Le cabriolet ne roulait pas depuis trois minutes que déjà Virgile croyait voir les maisons danser sur son passage un rigodon colossal. — Au moment où il mit pied à terre devant son logis, il était ivre à ne pouvoir se soutenir.

Il monta l'escalier en chancelant, et toujours possédé par cette idée fixe d'obtenir Pivoine de gré ou de force.

Arrivé à sa porte, il heurta fortement, — la jeune fille ne s'éveilla pas tout d'abord.

Il redoubla en jurant, et c'est alors que nous l'avons entendu s'écrier dans son charmant langage :

— Ouvrez ! sacredieu ! ou je démolis la baraque ! !

———

Au moment où Virgile apparut devant Pivoine, il était effrayant.

Son nez d'une rougeur brûlante tranchait sur sa figure livide marbrée çà et là de taches violettes, — ses yeux avaient une expression égarée et lubrique, — son costume était hideusement débraillé, et ses jambes tremblaient sous lui comme des roseaux trop faibles pour supporter le poids de son corps.

La jeune fille le reconnut à peine.

Il essaya de prendre un air conquérant et s'avança les bras ouverts, en balbutiant d'une façon inintelligible, car sa langue pâteuse se collait à son palais :

— C'est moi... la belle... c'est moi... le joli Virgile... hein ! j'espère que c'est gentil, de venir... comme ça... si matin, faire l'amour à sa bichette...

Il s'interrompit pour bégayer un refrain qui lui vint à l'esprit :

>
> Quand on n'a plus d'argent
> On écrit... à son père,
> Qui répond : Mon enfant,
> Il ne faut... pas tant faire
> L'amour,
> L'amour,
> La nuit... comme le jour!!!
> Eh! iou, piou, piou, tra, la, la, la, la;
> La! la! la!

Puis il ébaucha un pas de cancan, — trébucha, — s'appuya contre un meuble, — marcha de nouveau vers Pivoine et poursuivit :

— Allons, les amours... viens par ici... et dépêche... Je n'ai pas le temps d'attendre... il ne s'agit point de faire la bégueule comme cette nuit... nom d'une pipe... ah! non! non fichtre!... en place pour le galop final...

> Toujours,
> Toujours,
> La nuit... comme le jour!!!

Virgile touchait presque Pivoine, — il se pencha pour l'embrasser.

La jeune fille épouvantée le repoussa de toute sa force.

Il n'en fallait pas tant, — l'étudiant perdit l'équilibre, — essaya de se retenir à la table ronde qu'il entraîna dans sa chute, et roula sur le plancher où il se débattit en blasphémant et en faisant pour se relever des efforts inutiles.

La pauvre enfant, glacée d'horreur par ce spectable si odieux et si nouveau pour elle, saisit à la hâte le petit paquet qu'elle avait jeté dans un coin en arrivant, — gagna la porte qui était restée entr'ouverte, — descendit l'escalier et s'enfuit dans la rue, prenant, sans le savoir, la direction de la place Saint-Michel.

## CHAPITRE XI.

**A la bonne foi!**

Le ciel était pur et lumineux, — l'air vif et froid, et la gelée avait séché la boue, même dans les ruelles fangeuses de la Cité.

Pivoine, marchant au hasard, atteignit les environs de l'Hôtel-de-Ville, s'engagea dans l'inextricable réseau des petites rues environnantes, et, comparant les hautes et sombres maisons qu'elle avait sous les yeux, avec ce ce qu'on lui avait raconté jadis des merveilles de Paris, elle se crut le jouet de quelque mauvais rêve et de nouvelles larmes vinrent mouiller ses yeux au souvenir resplendissant des horizons de sa Normandie.

. . . . . . . . . . .

Au bout de deux heures ainsi passées, la jeune fille sentit qu'elle commençait à avoir faim.

Il lui restait six sous.

Elle s'arrêta devant une boutique de boulanger et fouilla dans sa poche.

Cette poche était vide...

Pivoine se souvint alors que durant la nuit précédente elle avait posé son humble monnaie sur la cheminée de l'étudiant, et que la pensée ne lui était point venue de la reprendre en s'enfuyant.

— Que faire? — mendier? — plutôt souffrir ! plutôt mourir ! — pensa-t-elle.

En ce moment elle leva les yeux et vit en face, de l'autre côté de la rue, une large enseigne portant les mots suivants, en lettres blanches sur un fond noir :

A LA BONNE FOI.

Paméla Carcan, marchande fripière.

Vend et achète habillements des deux sexes, neufs et d'occasion, — linge de corps et de table, — vieux tapis, — chapeaux, — chaussures, — et généralement tout ce qui concerne son état.

De chaque côté de la porte pendaient, fastueusement étalés, quelques haillons sordides, — robes trouées, — jupes en lambeaux, — pantalons hors de service, etc.

Le magasin, autant qu'on en pouvait juger depuis l'extérieur, consistait en un trou noir et poudreux, duquel s'échappaient des senteurs mal odorantes.

Pivoine regarda le petit paquet qu'elle tenait à la main, et songea qu'elle pouvait en en vendant le contenu, se procurer quelque argent.

Il est vrai qu'ensuite il ne lui resterait d'autres vêtements que ceux qui la couvraient.

Mais quand la faim parle toute considération doit se taire.

Elle entra.

Comme elle franchissait le seuil, une sorte

de grognement se fit entendre derrière un énorme paquet de haillons, et une femme apparut, la mine hargneuse et le poing sur la hanche.

Cette créature était petite et massive, — sa figure lippue affectait les teintes violacées du vin de cabaret, — son menton, parsemé de bouquets de poils grisonnants, descendait sur sa gorge flasque et monstrueuse, laquelle, déformant par son poids le corsage d'une horrible robe, flottait presque jusqu'à la ceinture.

La jeune fille resta d'abord interdite à l'aspect de Paméla Carcan, car l'aimable portrait que nous venons d'esquisser était celui de la fripière elle-même.

— Qu'est-ce que vous voulez, la fille? — demanda cette dernière d'une voix enrouée par l'eau-de-vie.

— Mon Dieu... madame... — répondit craintivement Pivoine — j'ai vu... j'ai cru... Je venais vous proposer...

— Vous avez quelque chose à *laver*? (*) — interrompit brusquement la marchande.

Pivoine se méprit au sens de ces mots et répondit :

— Non, madame... Je voulais vous vendre...

— Eh! pardieu! c'est ça même! voyons *aboulez* les *frusques* !

— Vous dites... madame...?

— Je dis que vous me montriez les marchandises.

— Les voici...

(*) *Laver*, vendre.

Et Pivoine, posant sur le comptoir son petit paquet, défit les nœuds du mouchoir qui l'enveloppait et en étala le modeste contenu.

La marchande examina d'un air souverainement dédaigneux les diverses pièces de l'ajustement, et dit en faisant une grimace significative :

— C'est là tout ?

— Oui, madame...

— De la belle *fichaise*, ma foi ! — qu'est-ce que vous demandez de ces *bibelots-là* ?

— Ce que vous voudrez m'en donner, madame...

— D'abord, — reprit la fripière, ainsi mise à son aise, — tout ça ne vaut pas qu'on se baisse dans la rue pour le ramasser ! n'y a pas une *guenipe* dans Paris qu'en voudrait pour aller *faire son marché*... j'offre trois francs.

— Prenez, madame... — murmura la jeune fille qui n'avait point de plus grande hâte que de sortir bien vite de cet immonde taudis.

Paméla, surprise de voir accepter sans conteste le prix misérable qu'elle proposait et qui ne représentait pas le dixième de la valeur réelle des objets, fixa sur Pivoine un regard stupéfait et ne retint qu'à grand'peine une énergique exclamation.

Puis, enchantée de l'affaire qu'elle venait de conclure, elle prit dans un casier un gros livre, sale et tout usé, l'ouvrit, trempa dans un godet, rempli d'une sorte de boue noire une plume à demi tordue, et poussa devant Pivoine la plume et le gros livre.

— Qu'est-ce qu'il faut que je fasse, madame? — demanda la jeune fille étonnée.

— C'te bêtise! écrivez votre nom et votre adresse.

— Mon adresse...

— L'endroit où ce que vous logez, quoi!

— Mais, madame... je ne loge nulle part...

— Bah!

— J'arrive à Paris, et je n'y connais personne...

La foudre serait tombée devant Pivoine sans la plonger dans une stupeur plus complète que ne le fit le résultat des simples mots qu'elle venait de prononcer.

Paméla Carcan, donnant aux traits de son visage une expression furibonde, marcha sur elle, le poing tendu, l'œil en feu, en criant de toute la force de ses poumons :

— Ah! coquine! — ah! voleuse! — ah! c....! — Tu n'as pas de domicile, et tu viens comme une sainte Nitouche essayer de vendre des *frusques* aux honnêtes gens pour leuz-y attirer de *la peine!* — Halte-là! — C'est pas à la mère Carcan qu'on *fait voir le tour*, tu sauras ça, la fille! — je vas te *faire flanquer à l'ombre* (\*), et ça ne pèsera pas une once! Allons! allons! en route, et chez le commissaire!

— Mais... madame... — voulut dire Pivoine, qui commençait à pleurer.

— File devant, — reprit la mégère, en lui coupant la parole, — et *tais ton bec,* ou je cogne!

Afin de faire comprendre à nos lecteurs

(\*) Mettre en prison.

les motifs de cette incroyable scène, il est bon de les mettre au fait des antécédents de l'honorable marchande.

Paméla Carcan, outre son commerce de friperie, se livrait avec le plus grand succès aux lucratives pratiques du *recel*.

C'est de là que venaient les plus clairs de ses bénéfices.

Elle se bornait du reste à une spécialité dans ce genre d'opérations, évitant soigneusement toute accointance avec les *voleurs* proprement dits, et recherchant cette classe de filous, qui, laissant de côté comme moyens trop dangereux l'escalade et l'effraction, cultivent l'escroquerie et se font livrer, grâce à de faux noms et à des qualités d'emprunt, toutes sortes de dentelles, de soieries, de pièces d'étoffes, etc., etc., par des marchands confiants et dupés.

Pour ces malfaiteurs anodins, Paméla Carcan avait toujours en réserve une foule de prévenances, de petits soins, et de pièces de cent sous.

Or, malgré ses précautions habiles, la police avait eu vent de certains trafics clandestins, et, peu de jours avant l'époque à laquelle se passent les faits que nous racontons, Paméla était allée s'asseoir, en nombreuse compagnie, sur les bancs de la police correctionnelle.

Malheureusement, faute de preuves, messieurs les juges de la sixième chambre se virent obligés de renvoyer la prévenue des fins de la plainte.

Toutefois la leçon avait été bonne, et Paméla s'était juré... de redoubler d'adresse à l'avenir.—Aussi saisissait-elle avec empressement l'occasion qui se présentait de faire éclater son zèle vertueux et sa probité sans tache aux yeux de monsieur le commissaire de police de son quartier, en démontrant à ce magistrat qu'elle aimait mieux manquer une excellente affaire, que de violer, même légèrement, les ordonnances de police.

Pivoine allait être l'innocente victime offerte en holocauste à la bonne renommée de madame Carcan.

Or, joignant le geste aux paroles et répétant avec un nouvel emportement :

— En route, et *tais ton bec*, ou je cogne ! — cette dernière s'apprêtait à pousser dans la rue la jeune fille éplorée, quand un nouveau personnage entra dans la boutique.

## CHAPITRE XII.

### Les époux Carcan.

Le dernier venu, (chose phénoménale!) offrait le type d'une laideur plus repoussante encore que celle de la maîtresse du logis.

C'était une sorte de nain, portant sur deux jambes torses et courtes un buste carré et trappu, surmonté d'une tête énorme.

Cette tête, que la nature semblait avoir

destinée à couronner les épaules de quelque Titan, empruntait ses agréments principaux, d'abord à un œil factice en émail, sans cesse immobile dans son orbite profonde, et ensuite à une dent longue et jaune, laquelle, sortant à demi de la bouche, soulevait la lèvre supérieure de la façon la plus hideuse.

On eût dit *Quasimodo*, sauf bien entendu la poésie terrible, répandue par notre grand poëte sur le gnôme de sa *Notre-Dame*.

Ce personnage était coiffé d'un large berret de calicot blanc, — une veste blanche et un grand tablier à demi retroussé complétaient son costume.

— Ah! te voilà, monsieur Carcan, — dit la fripière en le voyant.

— En personne, tendre épouse, — répondit le nain, affectant une mine joviale du plus bizarre effet, — histoire de te dire un petit bonjour en passant, ô Paméla !

— Tu viens à propos.

— Comme ça se trouve !

— Garde la *cassine* pendant que je me débarrasse de la créature que voici.

Pivoine redoubla ses sanglots. — Monsieur Carcan fixa sur elle son œil unique qui s'enflamma tout aussitôt.

— Tiens! tiens! tiens! — dit-il, — qu'est-ce qu'elle a donc fait cette jeunesse?

— Ça ne te regarde pas !

— Mille excuses, madame Carcan, — mais comme je suis votre *légal*, je me reconnais le droit de vous interroger, — et tu sais comment je fais valoir mes droits, chère amie?

— Eh, bien voici...

Et la fripière, obéissant à la demie menace de M. Carcan, raconta ce que nous savons déjà, récit coupé par de nombreuses invectives à l'adresse de la pauvre Pivoine que le nain continuait à couvrir de son regard fixe et brûlant.

— C'est tout? — demanda-t-il quand elle eut fini.

— Il n'y en a peut-être pas assez comme ça!

— Madame Carcan, — cette susceptibilité te fait le plus grand honneur, je me plais à le déclarer, mais elle me chagrine beaucoup! — il n'y a pas là de quoi fouetter un chat...

— Ah! tu trouves...

— Oui, je trouve... donc, paye cette petite, qui est *gentille tout plein*, et laisse-la filer.

— C'est ton idée ?

— C'est mon idée.

— Eh bien, ça n'est pas la mienne.

— Tant pis !

— Je veux la conduire chez le commissaire, et je l'y conduirai.

— Tu crois ?

— J'en suis sûre, et pas plus tard que tout de suite. — Allons, en route !

— Madame Carcan ! madame Carcan !, méfie-toi ! — je te défends de bouger !

— Toi !

— Moi.

— Tu me défends...

— Net.

— Je m'en *fiche* !

— Ah ! tu t'en *fiches* ?...

— Très-bien !

— Nous allons voir...

Et, tout en parlant, le nain prit un manche à balai dans un coin du magasin et décrivit un moulinet rapide.

Sans doute madame Carcan avait expérimenté plus d'une fois les bons effets de cet instrument domestique entre les mains de son mari, car elle courba instinctivement les épaules, laissa échapper une bordée d'effroyables jurons, et finit par s'écrier :

— Monstre d'homme ! dire qu'il faut toujours en passer par où il veut, ah! brigand! je cède, mais tu ne mourras que de ma main!

— Tendre épouse, j'en accepte l'augure... à charge de revanche... au reste, puisque te voilà redevenue gentille, je lâche *Vigoureux*.

*Vigoureux*, c'était le manche à balai que monsieur Carcan reposa dans son coin.

La fripière, dévorant à grand'peine sa rage intérieure, ouvrit un tiroir, compta trois francs en gros sous, et jetant à Pivoine cette masse de billon, dit en lui montrant les deux poings.

— Sors d'ici, malheureuse, vite et tôt! et prends bien garde que je ne te rattrape!

La jeune fille se crut sauvée et s'élança dans la rue.

— Bonsoir, Paméla, bonsoir, — fit alors

le nain en ricanant, — tu es une épouse adorable, et je suis ton serviteur de tout mon cœur ! parole d'honneur ! Bien des choses à *Vigoureux* !

Puis, après avoir envoyé du bout des doigts à sa femme un baiser dérisoire, monsieur Carcan sortit à son tour et suivit la jolie Normande.

———

> Il faut des époux assortis,
> Dans les liens du mariage...

dit un refrain devenu proverbial.

Vérité ou paradoxe, ce dicton trouvait une éclatante confirmation dans l'accouplement des époux qui viennent de passer sous les yeux de nos lecteurs.

Jamais, peut-être, l'écharpe officielle d un

maire ou d'un adjoint n'avait consacré l'union de deux laideurs physiques et morales aussi parfaitement assorties et aussi dignes l'une de l'autre.

Quel concours fortuit de circonstances bizarres avait amené cet invraisemblable rapprochement? — Voilà ce que nous pourrions dire sans doute, mais les époux Carcan ne doivent pas jouer dans ce récit un rôle assez important pour que nous nous croyions autorisé à nous étendre longuement sur leur compte.

Toujours est-il que, quoique mariés sous le régime de la communauté, ils ne vivaient point ensemble et se trouvaient à la tête de deux établissements de genres bien différents.

Nous connaissons déjà la profession de Paméla.

Armodius Carcan (Armodius était son petit nom), faisait valoir, proche la barrière des Amandiers, une *gargotte* assez mal hantée.

Il ne venait guère chez sa femme que quan il avait besoin d'argent.

Dans ces circonstances, outre les ressources de son éloquence persuasive, il employait assez volontiers les arguments de *Vigoureux*, et se faisait ouvrir ainsi, mais non sans conteste, la bourse de la fripière.

Doué d'une très-complète collection de vices de toutes sortes, — voleur, — joueur, — ivrogne et luxurieux, — Armodius affectait une extrême bonhomie, se plaisait à la gaudriole, et cultivait le calembour.

Au physique et au moral, voilà l'homme.

Il sortit de la boutique, — avons-nous dit plus haut, — et suivit la jeune fille.

A peine avait-elle fait une centaine de pas, et tourné l'angle d'une rue, qu'il se rapprocha d'elle insensiblement et finit par l'aborder en lui touchant l'épaule.

Pivoine tressaillit et se retourna.

Mais elle reconnut celui qui, peu d'instants auparavant, avait pris sa défense, et ses lèvres pâlies ébauchèrent un sourire.

— Eh bien, ma jolie petite Normande, — dit le nain en entamant la conversation d'une façon cavalière, — j'espère que vous me devez une fière chandelle !

— Ah ! monsieur ! répondit la jeune fille, — combien je vous remercie !

— Et vous avez raison, car sans moi ma

coquine de femme vous menait chez le commissaire où il aurait fallu montrer vos papiers, ce qui est fort vexant! — Vous avez des papiers, hein?

— Quels papiers, monsieur?

— Dame! un passeport, un livret...

— Mais non, monsieur, je n'ai rien de cela... je ne savais pas...

— Mauvaise affaire! ma petite chatte... mauvaise affaire! la police va vous récolter...

— La police! — s'écria Pivoine, qui sans se rendre bien compte du sens de ce mot, s'en effraya cependant instinctivement.

— Hélas oui, — oh! du reste, vous en serez quitte pour quelques mois de prison, et ensuite on vous fera reconduire chez vous par la gendarmerie.

— Mon Dieu ! est-ce possible !!... — murmura la jeune fille.

— Je le crois bien, que c'est possible ! — Possédez-vous une famille, pauvre bijou?

— J'ai mon père, monsieur... — balbutia Pivoine.

— Ça lui fera joliment plaisir, à monsieur votre père, de vous voir arriver comme ça ornée d'un brigadier ! — et c'est inévitable.

— Mais alors... je suis... perdue... tout à fait perdue...

—Dame !... je ne vois pas trop ce que vous pourriez faire pour éviter cet inconvénient, partout où vous irez on exigera ces maudits papiers... qui vous manquent... à moins...

— A moins ? — demanda vivement la jeune fille.

— A moins que vous ne trouviez sur votre chemin un honnête homme qui voulût bien courir le risque de s'attirer quelque mauvaise affaire, et qui vous prît chez lui... sans garantie... à ses risques et périls...

— Mais qui fera cela, mon Dieu?...

— Je m'offrirais bien, car vous m'intéressez, pauvre mignonne...

— Vous?..

— Oui, mais...

— Mais, quoi, Monsieur?

— Je tiens un *restaurant* très-fréquenté par le *beau monde* voyez-vous. — Chez moi, l'ouvrage est rude, et vous avez l'air si délicate...

— Oh! je suis forte, allez... plus forte que je ne le parais...

— Je ne vous donnerais pas de gages...
dans le commencement, — mais vous seriez
bien nourrie... et traitée avec des égards. —
Voyons, voulez-vous en essayer?

— Oui, Monsieur, oh! de tout mon cœur!

— Alors, c'est une affaire conclue. — Topez là, bichette!

Et monsieur Carcan présenta à Pivoine sa
main noire et huileuse, dans laquelle elle
posa ses doigts mignons. —

— Prenez mon bras, — ajouta le gargottier, — et marchons vite, car il y a loin.

La jeune fille accepta le bras que lui tendait Armodius, et tous deux continuèrent
leur course, au grand ébahissement des passants qui se retournaient à plus d'une reprise
pour revoir l'étrange assemblage de cette ravissante enfant et de ce nain hideux.

## CHAPITRE XIII.

**Armodius.**

L'établissement, désigné par Armodius Carcan sous le fastueux pseudonyme de *restaurant*, était l'une de ces guinguettes qui pullulent aux alentours de certaines barrières de Paris.

*Les salons* consistaient en une vaste pièce, au rez-de-chaussée de la maison, laquelle d'ailleurs n'avait qu'un étage.

Dans cette pièce obscure et malpropre deux douzaines de petites tables s'alignaient sur deux rangs.

Dans le fond s'ouvrait la porte du laboratoire culinaire, antre fétide, où s'apprêtaient incessamment de suspectes gibelottes, et du bœuf d'un sexe douteux.

Les habitués étaient nombreux, mais peu choisis.

Ils se recrutaient, d'abord parmi cette population de prétendus *ouvriers*, fainéants débauchés, gibiers d'émeute et de potence, vermine sociale, que nous avons vue depuis Février 1848, réclamer à grands cris *l'Organisation du travail*, et *le Droit au travail*, ces spécieux prétextes de la plus honteuse oisiveté.

Venaient ensuite, et c'était l'aristocratie du lieu, ces hommes sans nom, qui monopolisent toutes les professions abjectes, et sont tour à tour, — marchands de contremarques, — ouvreurs de portières, — *allumeurs de chalands,* etc., etc...

Monsieur Carcan avait sous ses ordres un marmiton et une servante, Flamande robuste qui suffisait à tout.

Voici les motifs qui l'avaient décidé à embaucher Pivoine.

Ils étaient au nombre de trois.

1° Sa nouvelle domestique ne lui coûterait rien.

2° Elle contribuerait par sa jolie figure à multiplier le nombre des pratiques.

3° Enfin, — Armodius Carcan, lubrique comme un satyre, voulait faire de la jeune fille l'instrument à bon marché de ses honteux plaisirs, et comptait n'avoir à combattre de sa part qu'une très-faible résistance.

Pivoine fut donc installée immédiatement et mise au fait des fonctions qu'elle aurait à remplir ; — elle devait recevoir les *portions* dans la cuisine, des mains de monsieur Carcan ou de celles de la grosse servante, et, d'après les indications du maître de céans, en faire la distribution aux convives.

Nous ne saurions dire ce que la pauvre enfant eut à souffrir dès les premiers moments de son arrivée dans ce bouge.

Elle n'était point vierge nous le savons, mais elle était pure.

Qu'on imagine quelle dut être l'impression produite sur elle par l'effroyable cynisme des commensaux de la maison.

Sans cesse retentissaient à son oreille, les

obscénités les plus révoltantes, les descriptions les plus salement détaillées de turpitudes et de vices dont elle n'avait soupçonné jusqu'alors ni l'existence ni le nom.

Et le plus souvent les dîneurs pris de vin, mis en gaieté par ce qu'ils appelaient : *de joyeux propos*, ne se bornaient point à des paroles, et la triste Pivoine avait à se défendre contre des caresses repoussantes et de grossiers attouchements.

Ce n'est pas tout encore.

Le moment arriva où monsieur Carcan résolut de mener à bonne fin le projet qu'il avait formé, et, en des termes tels, qu'il nous serait impossible de les reproduire quoique notre plume ne fasse point profession de pruderie, il fit connaître à Pivoine ce qu'il attendait d'elle.

Quoique repoussé avec dégoût et avec terreur il ne se tint point pour battu, et, chaque jour, presque à chaque heure, il renouvela ses obsessions.

Rien ne corrompt comme le malheur! — la pauvre Pivoine en arriva bientôt à regretter amèrement de ne s'être point livrée à l'étudiant Virgile la première nuit de son arrivée à Paris.

Elle songeait à quitter la maison de monsieur Carcan. — Mais où aller? — Que faire? — Que devenir? — et comme après tout elle avait, dans cette maison, un asile et du pain, elle ne partait pas.

Cependant les désirs du nain augmentaient en raison même de la difficulté qu'il trouvait à les satisfaire.

Un beau soir il résolut d'en finir.

Pivoine couchait dans une soupente pratiquée au fond de la cuisine. — La grosse servante et le marmiton partageaient un lit de sangle au grenier.

Vers minuit, — au moment où la jeune fille était plongée dans son premier sommeil,—elle fut brusquement éveillée par une sensation bizarre et pénible.

Elle se crut d'abord sous le poids de quelque cauchemar, mais bientôt le doute ne fut plus possible. — Un homme se glissait dans sa couche.

Elle poussa un cri, et fit un mouvement pour se jeter en bas du lit.

Deux bras nerveux se nouèrent autour de son corps et une voix qu'elle reconnut pour être celle de son maître lui dit tout bas :

— Tais-toi, petite et sois gentille, tu ne t'en repentiras point.

L'épouvante de Pivoine s'accrut en même temps que son horreur, — elle redoubla d'efforts pour se dégager, mais elle comprit bien vite que ses efforts étaient impuissants et elle se mit à pousser des cris aigus, que monsieur Carcan chercha vainement à étouffer.

En ce moment une ronde de nuit traversait le boulevard extérieur. — Les gémissements de Pivoine furent entendus et des crosses de fusil heurtèrent violemment la porte de la guinguette.

Monsieur Carcan lâcha la jeune fille, mais avant d'aller ouvrir il lui dit d'une voix menaçante :

— Si tu portes plainte contre moi, je te

fais arrêter ! — Souviens-toi que tu n'as pas de papiers !

L'officier de ronde visita la maison et n'y trouva rien de suspect. — Pivoine interrogée déclara en balbutiant qu'elle avait eu peur sans motif, et qu'elle avait crié sans raison.

La patrouille se remit en marche, et le reste de la nuit se passa sans amener de nouveaux incidents.

Le lendemain matin monsieur Carcan appela Pivoine.

Elle accourut, toute tremblante et les yeux baissés.

Elle s'attendait à une scène de brutalité, ou tout au moins à de violents reproches. — Il n'en fut rien.

L'époux de Paméla lui dit seulement d'un ton bref :

— Je te renvoie.

— Oui, monsieur... — balbutia la jeune fille.

— Tu t'en iras demain.

— Oui, monsieur...

— Je te donnerai un certificat et dix francs, quoiqu'il ait été convenu entre nous que tu n'aurais pas de gages...

— Vous êtes... bien bon...

— Je le suis trop ! — Quant à aujourd'hui, tu es encore à mon service et je t'enverrai tout à l'heure en course.

— Oui, monsieur...

— Du reste, — ajouta M. Carcan, — réfléchis, Pivoine, il est temps encore... je te garderai si tu veux... avec quinze francs par mois, ce qui fait cent quatre-vingts francs par an... et c'est joli, — mais tu sais à quelle condition. — Voyons, ça te va-t-il ?

La jeune fille comprit et fit de la tête un signe de refus.

— A ton aise ! — reprit le nain en ricanant, — à ton aise ! — Tu regretteras plus d'une fois ce que je viens de te proposer, mais ça te regarde, fais à ton idée...

Et monsieur Carcan lui tourna le dos tandis que son regard prenait une expression de contentement sinistre et qu'un mauvais sourire errait sur ses lèvres difformes.

Vers midi il donna l'ordre à son marmiton

d'aller chercher un fiacre à la station de la barrière des Amandiers.

Quand le véhicule fut arrivé devant la porte il appela de nouveau Pivoine et lui dit:

— Je t'ai prévenue ce matin que tu irais en course aujourd'hui.

— Oui, monsieur.

— Il est temps de partir. — La voiture est là qui t'attend.

— Où faut-il aller?

— Je le dirai au cocher.

— Oui, monsieur.

— Il fait froid, prends le manteau de Cadette. — Cadette était la grosse servante.

Pivoine obéit.

— Voici une lettre, — poursuivit monsieur Carcan, — tu la remettras à son adresse, on te donnera quelque chose à rapporter, et tu reviendras tout de suite.

— Oui, monsieur.

— Avant de partir avale-moi ce verre de vin, ça te tiendra chaud à l'estomac.

» Je te mets à la porte demain, mais ce n'est pas une raison pour que tu tombes malade aujourd'hui !

Tout en parlant il présenta à la jeune fille un verre rempli de vin rouge, qui se trouvait là comme par hasard.

Pivoine porta ce verre à ses lèvres et avala deux gorgées de son contenu.

Puis elle le reposa sur la table avec un dégoût manifeste.

— Qu'est-ce que tu as donc? — lui demanda monsieur Carcan, — est-ce que le vin est mauvais ?

— Il me semble que oui, monsieur.

— Allons donc! c'est une idée que tu te fais! un petit *Mâcon* charmant!!

— Je me suis peut-être trompée...

— Il n'y a pas de doute... tu vas voir comme ça te fera du bien.

Et le sourire sinistre dont nous avons parlé tout à l'heure se remonta de nouveau sur la bouche du nain qui reprit :

— Allons, en route !

Pivoine monta dans la voiture.

Monsieur Carcan cria au cocher :

— Bercy, quai de la Râpée, n° ***.

Le fiacre partit et le mari de Paméla se frotta joyeusement les mains.

## CHAPITRE XIV.

**Virgile.**

Parmi les nombreux *restaurants* qui garnissent dans toute sa longueur le quai de la Râpée à Bercy, il en est un d'un genre tout à fait spécial.

Ce restaurant, bien tenu d'ailleurs et très-fréquenté, peut se ranger dans la catégorie des *maisons à parties*.

Ses trois étages sont occupés presque en entier par une multitude de cabinets de toutes les dimensions, et, pendant les beaux jours de l'été ou de l'automne, de petites voitures aux stores discrètement baissés se succèdent incessamment à la porte du logis hospitalier, et l'on voit entrer furtivement des couples amoureux pour lesquels le dîner n'est guère qu'un accessoire et un réconfortant, — du moins nous avons tout lieu de le supposer.

De mauvaises langues ajoutent même que monsieur Tonnellier, le maître de la maison, se charge volontiers de procurer une compagnie *aimable* aux hôtes masculins qui viennent seuls chez lui et que la solitude ennuie.

Nous ne savons à quoi nous en tenir à cet égard.

Quoique la *Guinguette* de la barrière des

Amandiers et la *maison* du quai de la Râpée fussent, l'une tout en bas, l'autre presque au milieu des degrés de l'échelle culinaire et sociale, Armodius Carcan et l'hôte de Bercy avaient ensemble des relations suivies, et c'est à ce dernier qu'était adressée la lettre remise à Pivoine.

Le fiacre s'arrêta et la jeune fille descendit en chancelant.

C'est à dessein que nous disons : *en chancelant,* car, pendant toute la durée du trajet, elle avait été en proie à un malaise singulier. Sa tête était lourde et de minute en minute des éblouissements et des vertiges passaient devant ses yeux.

Elle entra dans la maison et donna à monsieur Tonnellier la lettre dont elle était chargée.

Le restaurateur la lut en riant aux éclats,

— regarda curieusement Pivoine, — cligna de l'œil, — se remit à rire, et murmura entre ses dents :

— Farceur de Carcan ! va !!

— J'attends la réponse, monsieur, — dit la jeune fille.

— Ah ! ah ! la réponse... tout à l'heure, mamzelle, tout à l'heure... il faut le temps de se procurer ce qu'il demande, votre satané farceur de maître...

Monsieur Tonnellier s'interrompit pour rire de nouveau, puis se tournant vers l'un des garçons, il lui dit :

— Du feu au n° 4.

Le garçon disparut.

Pivoine sentait redoubler son étrange malaise.

Au bout de trois minutes le garçon vint prévenir son maître que le cabinet était préparé.

— Voulez-vous venir, mamzelle? dit — alors monsieur Tonnellier à Pivoine.

La jeune fille le suivit.

Ils montèrent au premier étage, — traversèrent un corridor dan lequel donnaient huit ou dix portes numérotées et arrivèrent en face de celle qui portait le n° 4.

Le restaurateur l'ouvrit.

— Attendez-moi là, — dit-il, — je suis à vous dans un instant.

Et il ressortit.

La pièce dans laquelle se trouvait Pivoine était un très-petit cabinet, tendu d'un papier rouge imitant le damas. — Il y avait sur la cheminée une pendule arrêtée, et des vases embellis par une profusion de fleurs artificielles.

L'ameublement consistait en une table, des chaises et un divan.

L'unique fenêtre prenait jour sur un jardin assez vaste et tout à fait désert.

Pivoine s'assit sur le divan.

Au bout d'une seconde sa tête se pencha, — il lui sembla qu'un bandeau de plomb lui courbait le front et contraignait ses paupières à se fermer.

Elle s'accouda à l'un des oreillers et s'endormit profondément.

Monsieur Tonnellier en sortant avait fermé la porte à double tour et mis la clef dans sa poche.

Pivoine ne s'en était point aperçue.

Peu de minutes après l'arrivée de la jeune fille il se fit dans la maison un grand mouvement et un grand tapage.

Huit ou dix jeunes gens qui, malgré le froid, venaient de guider leurs canots rapides sur les eaux troublées de la Seine, faisaient irruption dans les cuisines et réclamaient du maître de la maison, dont ils étaient d'ailleurs bien connus, — un repas copieux et surtout promptement servi.

Ces jeunes gens, chaudement encapuchonnées dans leurs *vareuses* doublées d'écarlate étaient des étudiants.

L'un d'eux, — Virgile, — a déjà traversé ce récit.

Ils furent installés dans la plus grande pièce de la maison, le salon n° 5.

Ce salon, contigu au cabinet dans lequel dormait Pivoine, n'en était séparé que par une mince cloison de briques posées sur champ.

Et certes il fallait que le sommeil de la jeune fille fût bien profond pour résister au vacarme étourdissant qui suivit l'arrivée des étudiants.

Mais la dose de laudanum versée par Armodius Carcan dans le verre de l'enfant était effrayante, et suffisait peut-être, non-seulement pour endormir, mais pour tuer.

Aussi Pivoine dormait toujours.

---

Voici ce qui se passait dans le salon voisin.

En quelques instants la table avait été chargée de larges tranches de bœuf fumé, de poulets rôtis froids, etc., etc., le tout en attendant les gigots et les rostbeaffs qui se préparaient activement.

Devant chaque convive se trouvait, en guise de verre, un de ces récipients de grande dimension vulgairement connus sous le nom de *choppes*.

Ces choppes contenaient la valeur d'une demi-bouteille environ, et les jeunes gens les remplissaient sans cesse d'un joli petit vin des Torins, — limpide comme du rubis en fusion, — qui circulait activement autour de la table.

Un seul, morose et taciturne, laissait sa choppe pleine et semblait absorbé tout entier par quelque sombre rêverie.

C'était Virgile.

A le voir ainsi soucieux, au milieu de la joie expansive de ses camarades, on eût pu conjecturer hardiment que si son corps assistait matériellement à ce bruyant repas, sa pensée vagabondait au loin.

Son voisin finit par s'impatienter de ce continuel silence et cria, tout en lui poussant le coude :

— Virgile! eh! Virgile!

L'étudiant releva la tête en demandant :

— Qu'y a-t-il?

— Tu ne croirais pas une chose, mon bon?...

— Laquelle?

—C'est que tu es amusant comme un professeur de droit!

— Qu'en sais-tu? — répondit ironiquement Virgile, — tu n'as jamais mis les pieds à l'école.

— Une épigramme n'est pas une réponse...

— Tant mieux...

— Comment, tant mieux?

— Oui, — ça confirme un proverbe que j'aime.

— Un proverbe?

— Celui-ci : *A sotte question point de réponse.*

— Fort bien ! mais ce n'est pas de cela qu'il s'agit...

— De quoi donc, alors?

— De me donner une explication.

— Une explication? — moi? — à toi? — tu plaisantes, sans doute?

— Nullement.

— J'avoue que je ne saisis pas très-bien...

— Je vais me faire comprendre... — Mais d'abord, messieurs; — ajouta le voisin de Virgile en frappant la table avec le manche de son couteau et en élevant la voix, — je réclame un instant de silence, à l'effet de pouvoir faire subir à notre camarade Virgile *un interrogatoire sur faits et articles,* interrogatoire auquel il va être procédé avec le décorum et le cérémonial d'usage en pareil cas...

— Chut! — chut! — murmurèrent les convives, — écoutons, écoutons!

— Ah çà, Margueret, — demanda Virgile à l'étudiant qui venait de parler, — est-ce que tu aurais la prétention de me faire *poser*, par hasard?

— Du tout, mais j'ai celle de te faire expliquer, devant nos amis que voici, ta conduite d'abord, qui depuis un mois est fort singulière, puis ensuite tes façons d'agir avec nous, lesquelles, à partir de la même époque, sont devenues au moins bizarres.

— Ma conduite... mes façons d'agir !... tu es fou, Margueret !

— Je ne crois pas.

— Voyons, articule tes griefs, — dit Virgile en riant d'un rire un peu forcé.

— Nous y voilà ! — à la bonne heure ! — Je commence : — Naguère, et ce temps est proche encore, nous trouvions en toi, ô Virgile, la fleur du Quartier-Latin !!

« Bon vivant, — gai déjeuneur,— joyeux dîneur, — charmant soupeur, — danseur folâtre, — flâneur par goût, — *noceur* enfin dans la plus pompeuse acception du mot, voilà ce que tu fus, ô Virgile !

« Tu étais l'âme de nos réunions, — le roi de nos bals, — le dictateur de nos estaminets !

« De la rue Mazarine aux murs du Panthéon les jolies grisettes parlaient de toi avec des sourires d'amour. — Les belles limonadières se troublaient à leur comptoir et rougissaient doucement quand tu passais à portée de leurs regards. — Les étudiants de première année étudiaient tes airs de tête et ramassaient dans la rue les cendres de ton cigare...

« Rien ne manquait à ta gloire !

« Aujourd'hui tu manques à la nôtre!!

« Virgile, qu'es-tu devenu?

« Depuis un mois, plus de ris, plus de jeux! — On ne te voit nulle part, et si le hasard permet qu'on te rencontre, c'est dans quelque quartier perdu, errant le regard morne, et de l'air d'une âme en peine.

« Tu ne mets plus les pieds chez tes amis. — Quand ils viennent chez toi ils trouvent ta porte close. — On t'invite à souper, tu manques de parole, — on va te chercher, tu es sorti, — et si, comme aujourd'hui, on vient à bout de t'entraîner, tu glaces les mieux en train par ta farouche contenance et tu restes immobile sur ta chaise, ainsi qu'une momie égyptienne, sans boire et sans parler!

« O Virgile, qu'est-ce donc que tu as?

« Rien ne soulage comme de confier ses chagrins, — crois en cet axiome bienfaisant et épanche dans nos seins, ô Virgile, tes douloureux secrets!! —

D'enthousiastes bravos accueillirent cette péroraison chaleureuse, Virgile lui-même ne put s'empêcher de mordre sa moustache dans un demi-sourire, il secoua la tête ensuite et répondit :

— Vous voulez savoir ce que j'ai?

— Oui! — oui! — oui!

— Par curiosité?

— Par intérêt.

— Et quand je vous l'aurai dit vous n'aurez pas assez de railleries ni de sarcasmes à faire pleuvoir sur moi!!

— Je réponds sur ma tête de la bonne tenue de nos collègues, en face de ta grande infortune, — dit Margueret, d'un ton comiquement solennel.

— Après tout, — continua Virgile, — riez, moquez-vous, et puisque je suis ridicule, guérissez-moi par le ridicule ! c'est de l'homœopathie morale !

— Mais enfin, quoi ? — qu'y a-t-il ? — demandèrent deux ou trois étudiants.

— Il y a que je suis...

Virgile hésita.

— Que tu es...? — reprirent en chœur les voix de tous les convives.

— Eh bien, que je suis... AMOUREUX ! — ma foi tant pis, le mot est lâché.

— Amoureux !

— Toi?

— Allons donc!!

— Et de qui?

— Est-ce de Clo-clo?

— De Nini?

— De Follette?

— De Mignonne?

— Est-ce de Forniquette?

— Est-ce de Mogador?

— Est-ce d'une ancienne à toi!

— Est-ce de la *femme* de l'un de nous?

Ces questions, ces exclamations, partant de tous les points à la fois, se croisèrent, se heurtèrent.

— Est-ce que j'aimerais une des femmes que vous venez de citer? — vous n'y songez pas, mes très-chers !! — fit Virgile d'un ton dédaigneux.

— Mais qui donc alors?

— Pivoine!

A ce nom les convives se regardèrent et dans chaque regard il y avait une question muette.

Mais toutes les réponses furent négatives. — Personne ne connaissait Pivoine.

— Oui — poursuivit Virgile avec une sorte d'enthousiasme, — Oui, je l'aime... je l'aime comme un fou... et je me sens mourir de honte et de rage en songeant que c'est à ma grossière ivresse, à ma brutalité sans nom, que je dois d'avoir perdu cette femme... cet ange... que je n'ai vu qu'une heure, que j'aimerai toujours, et que je ne retrouverai jamais !

Puis l'étudiant appuya ses coudes sur la table, cacha sa tête dans ses deux mains, et, quoi qu'on pût lui dire, refusa de répondre.

## CHAPITRE XV.

### Le cabinet particulier.

*(Suite.)*

— Ça ne peut pourtant pas se passer comme ça! — s'écria Margueret le jeune orateur dont il nous a été donné il n'y a qu'un instant d'apprécier l'éloquence — Virgile mérite un châtiment exemplaire et dont le seul souvenir fasse frémir d'horreur les petits-enfants de nos arrière-petits-fils! Donc je lui vote...

— Quoi? — demanda l'un des convives.

— Une *scie!* — répondit Margueret.

Cette proposition excita le plus vif enthousiasme et fut adoptée à l'unanimité.

Le mot : *Scie,* emprunté au vocabulaire des ateliers, signifie l'une de ces interminables complaintes qui n'ont littéralement ni *rime* ni *raison*, et se chantent sur une mélopée de la plus insoutenable monotonie.

Il est rare que l'auditeur ou la victime d'une *scie*, puisse entendre le dixième couplet sans avoir une attaque de nerfs.

Au quinzième il se trouve mal.

Et l'on a vu des gens bien constitués devenir épileptiques au vingtième.

Certaines *Scies* ont acquis une popularité

immense, et, comme les chansons de Béranger, ont fait le tour du monde.

— Je commence, — dit Margueret, — chacun improvisera son couplet, et tout le monde *bissera* le refrain en chœur.

« On est libre d'applaudir, mais on n'a pas le droit de siffler ! — C'est le programme de plus d'un gouvernement !

« Attention ! — premier couplet ! »

Et l'étudiant, après s'être recueilli pendant une seconde, entonna d'une voix lugubre et d'un air lamentable la *chose* ci-après :

> Le pauv' Virgile est ben malade !
> Il ne mang' plus que d'la panade
> D'puis qu'il a rencontré un' belle
> Non moins farouche que cruelle !
>   Oh ! la, la, la,
>   Oh ! la, la la,
> Le beau sexe est bien scélérat !

Les jeunes gens assombrirent aussitôt leur physionomie à l'instar de celle du chanteur, et répétèrent à deux reprises, avec l'accent de condamnés que l'on mène au supplice :

>Oh! la, la, la,
>Oh! la, la, la,
>C'est un sexe bien scélérat!

— Pas mal, — fit Margueret, — à ton tour, Gustave, et ne nous fais pas languir! songe aux lauriers de monsieur de Pradel!

Ainsi mis en demeure, le second étudiant chanta :

>Quand on lui propos' de s' distraire,
>Il n' vous répond qu'en vous f'sant taire!
>Il est bourru comme un Pandour,
>V'là d' quoi qu'est caus' le gueux d'amour!
>Oh! la, la, la,
>Oh! la, la, la,
>Que c' *moutard* est donc scélérat!

Le refrain fut bissé, et un troisième improvisateur entonna le couplet suivant :

> Jadis il sablait du Champagne
> Sans jamais battre la campagne !
> A c't' heur' pour calmer sa passion
> Il n' boit q'du ratafiat d' poisson.
>   Oh! la, la, la,
>   Oh! la, la, la,
> C'est un breuvag' bien scélérat !

Et tous les convives de répéter :

> Oh! la, la, la,
> Oh! la, la, la,
> C'est un breuvag' bien scélérat !

Virgile restait impassible et semblait ne point entendre.

Margueret s'écria :

— Dites donc, messieurs, il me semble que nous ne sommes guère amusants ! *chauffons* un peu ! et, si c'est possible, soyons drôles !

— Je m'attribue le quatrième couplet, — comme la *scie* doit en avoir cent cinquante ne soyez pas jaloux !

Et il chanta :

> Amis, la charité l'exige,
> Cherchons la Vénus Callipyge,
> A Virgil' donnons-la pour femme
> Afin d' distraire un peu son âme !
>     Oh! la, la, la,
>     Oh ! la, la, la,
> C'est c' mariag'-là, qui l' guérira !

On allait répéter en chœur le refrain de la *Scie*, lorsque Margueret qui dans le feu de l'inspiration laissait errer son regard à droite et à gauche, le fixa tout à coup sur l'une des parois du salon et imposa silence aux chanteurs par un : — *Chut !* — bref et impérieux.

— Qu'y a-t-il? — demanda-t-on.

— Il y a, mes amis, — répondit le jeune

homme, — que peut-être une magnifique occasion se présente en ce moment de nous initier aux fêtes de Paphos et aux mystères galants de Cythère.

— Que veux-tu dire ?

— Regardez ! — répliqua l'étudiant en désignant avec le bout du doigt la cloison qui lui faisait face.

Dans cette cloison, à environ sept pieds de terre, il y avait une ouverture cylindrique pratiquée jadis pour laisser passer le tuyau d'une cheminée à la prussienne, et aujourd'hui fermée par une rondelle de bois revêtue d'un papier semblable à celui de la tenture.

— Eh bien ? — fit quelqu'un.

— Eh bien ! — s'écria Margueret, en ayant

soin cependant de mettre une sourdine à sa voix, — ce trou va nous livrer les secrets du cabinet voisin, et que fait-on, je vous le demande, dans les cabinets particuliers de ce respectable établissement?

— C'est juste! — dit un des convives.

— Mais, — interrompit un autre, — si le cabinet est vide...

— Dame! dans ce cas-là, nous serons volés! mais c'est peu probable. — Du reste attendons un instant, nous allons bien voir!

Margueret quitta sa place, monta sur une chaise qu'il approcha du mur, puis, enlevant sans bruit la rondelle, il encadra dans l'ouverture son visage curieux.

Il n'était pas à ce poste d'observation depuis une seconde que déjà les plus pressés le tiraient par les pans de sa vareuse.

Enfin il se décida à sauter en bas de sa chaise et l'un des étudiants le remplaça immédiatement au guichet improvisé.

— As-tu vu quelque chose? — lui demanda-t-on.

— Parbleu!

— Quoi?

— Une femme.

— Seule?

— Oui.

— Jeune?

— Je le crois.

— Jolie?

— Je n'en sais rien.

— Tu n'en sais rien... !!

— Non.

— Comment?

— Je n'ai pas vu son visage.

— C'est une raison... Et, qu'est-ce qu'elle fait ?

— Elle dort.

— Malgré le bruit que nous faisions tout à l'heure...

— Oui.

— Impossible!

— Regardez plutôt..... elle est étendue sur le divan et sa tête s'enfonce dans l'un des oreillers, mais ce qu'il y a de plus drôle...

— Eh bien ?...

— C'est qu'elle est déguisée...

— Bah !!

—En paysanne normande... charmant costume, parole d'honneur !

Margueret n'avait point achevé ces dernières paroles au milieu de l'ébahissement de ses auditeurs, que déjà Virgile s'élançait de la table où il était resté, solitaire, et toujours taciturne.

Il prit à bras-le-corps l'étudiant qui se trouvait en possession de la lucarne, le posa brusquement à terre, et, le remplaçant sans façon, attacha son regard avide sur l'intérieur du cabinet voisin.

## CHAPITRE XVI.

**Le cabinet particulier.**

(*Suite.*)

Du premier coup-d'œil Virgile reconnut Pivoine.

A cette vue une joie profonde et complète s'empara de lui d'abord.

Mais bientôt il se demanda quel inexplicable hasard avait amené la jeune fille dans cette maison suspecte, et comment il pouvait se faire qu'il la retrouvât ainsi, — isolée et semblant endormie.

La solution de ce problème ne se fit point attendre.

La porte du cabinet tourna sans bruit sur ses gonds discrets, et Virgile vit apparaître, avec une surprise dont nos lecteurs se rendront compte facilement, l'horrible personnage d'Armodius Carcan.

L'époux de Paméla avait quitté pour cette *solennité* son inévitable veste blanche et son tablier sale.

Il était pompeusement vêtu d'un habit bleu-barbeau à larges basques, d'un pantalon écossais rose et vert, d'un gilet de poil de chèvre jaune, et il portait en guise de cravate un foulard d'un rouge éclatant.

Ce luxueux costume avait orné pendant

longtemps l'étalage de madame Carcan et *monsieur* l'ayant trouvé de son goût se l'était approprié.

Armodius semblait rayonnant de contentement.

Son œil unique petillait de luxure.

Il referma soigneusement la porte et poussa les verrous intérieurs.

Ensuite il s'approcha du divan sur lequel reposait la jeune fille et s'écria en faisant un geste obscène :

— A nous deux, la belle, à nous deux !

. . . . . . . . . . . . . . . . . . . . . .
. . . . . . . . . . . . . . . . . . . . . .

Virgile en avait assez vu.

Il sauta par terre, au milieu des étudiants,

qui s'effrayèrent de sa pâleur livide et du double et sinistre éclair jaillissant de ses prunelles.

Il sortit du salon sans prononcer une parole, s'approcha de la porte du cabinet n° 4, et, appuyant son épaule contre cette porte, d'un seul choc il la jeta dans l'intérieur, arrachant à la fois les gonds et les verrous.

Monsieur Carcan, surpris au début de son œuvre infâme, poussa un cri d'épouvante et de colère.

Virgile marcha droit à lui, le renversa comme un enfant malgré sa résistance furieuse, le traîna par le collet de son habit jusqu'auprès de la fenêtre qu'il ouvrit, le souleva dans une irrésistible étreinte, car l'indignation avait décuplé ses forces, et, de la hauteur du premier étage, le précipita dans le jardin.

Ceci fait, l'étudiant revint à Pivoine dont le sommeil, ou pour mieux dire l'évanouissement, n'avait point cessé, il la saisit à son tour dans ses bras, puis, chargé de ce doux fardeau, il quitta la maison et monta dans une voiture de remise qui stationnait près de la porte du restaurant, et reprit aussitôt le chemin de Paris.

Disons en passant, que le misérable Armodius, plus heureux qu'il ne le méritait, n'eut d'autre mal que quelques contusions légères après une chute dans laquelle un honnête homme se serait brisé cent fois.

Ainsi que les chats, dont il partageait d'ailleurs le naturel pervers, il se releva sain et sauf, et, pour des raisons faciles à deviner et à apprécier, il jugea convenable de ne point porter plainte.

Rejoignons, si vous le voulez bien, l'étudiant et Pivoine.

Virgile, pendant le trajet de Bercy à la rue de la Harpe, couvrit de baisers et de larmes les mains et le visage de la pauvre fille, toujours inanimée et ne donnant d'autres signes de vie que de faibles soupirs éxhalés à de longs intervalles.

Le sauveur de Pivoine n'était rien moins que sentimental — d'habitude il menait lestement ses faciles tendresses, et nous pouvons, affirmer que si le soir de son arrivée à Paris, la jolie Normande se fût donnée à lui sans conteste, au bout d'une semaine il ne s'en fût pas soucié davantage que des volages grisettes et des lorettes délurées dont il avait été jusqu'à ce jour l'heureux vainqueur.

Mais l'étrangeté de ses courtes relations

avec Pivoine, — la scène qui en avait été le dénouement et dans laquelle (il se l'avouait à lui-même) son rôle avait été fort triste, — la fuite de la jeune fille, — l'impossibilité de retrouver sa trace, — le hasard presque miraculeux qui venait de lui rendre la pauvre enfant, — toutes ces circonstances réunies avaient triomphé de la légèreté habituelle de son cœur, qui, pour la première fois, était plein d'un amour, sinon profond, du moins sincère.

Aussitôt arrivé, — après avoir couché Pivoine dans son lit et mis en réquisition la maîtresse de l'hôtel qu'il chargea de veiller en son absence auprès de la malade, il courut chercher un de ses amis, étudiant en médecine, d'une haute intelligence et d'un savoir précoce.

Le jeune médecin jugea qu'un puissant

narcotique, pris à une effroyable dose, mettait en grand danger les jours de la pauvre fille, et n'osant accepter la responsabilité du traitement à ordonner, réclama l'assistance du docteur P... son professeur, et l'une des illustrations scientifiques de notre époque.

Les remèdes les plus énergiques furent mis en œuvre sur-le-champ, et Pivoine ne tarda point à revenir à elle-même.

Mais en même temps qu'elle reprenait ses sens une fièvre ardente se déclarait, compliquée de délire et de crises nerveuses.

Le danger avait changé de nature, sans devenir moins terrible.

Le docteur P... ne répondait de rien.

Cela dura toute une semaine.

Pendant huit jours et pendant huit nuits

Virgile ne quitta pas d'une seconde le chevet de cette couche où se tordait la malheureuse jeune fille, au milieu des visions insensées de la fièvre.

Jamais une mère, tremblante pour la vie de son unique enfant, ne fut plus saintement dévouée.

Enfin arriva le moment où le docteur P... prononça ce mot consolateur :

— J'espère !

Virgile se jeta à son cou et l'embrassa comme on embrasse un frère.

Du reste, le docteur ne s'était point trompé.

Peu à peu le délire diminua, puis disparut complétement.

Pivoine était sauvée.

Or, la première figure qu'elle entrevit au moment où la raison lui revenait, fut la figure de Virgile.

La première voix qui retentit à son oreille, fut la voix de Virgile.

Et, durant sa longue convalescence, c'était encore Virgile, qui toujours auprès d'elle, infatigable et joyeux, semblait renaître en la voyant revivre, et devinait, pour le prévenir, jusqu'au moindre de ses caprices.

Que pouvait-elle, que devait-elle répondre, lorsque, guérie enfin, elle entendit l'étudiant lui dire d'une voix tremblante et passionnée :

— Je serais mort, si tu étais morte... tu vis... veux-tu vivre pour moi?

— Oui, — répondit-elle, — je le veux.

Et elle se donna.

Disons-le bien haut, car nous croyons trouver dans cette première faute une sorte d'excuse pour toutes ses fautes à venir ; elle se donna, — *reconnaissante*, mais *sans amour*. —

---

Certes, Pivoine était douce et bonne, et dans son corps charmant elle avait une belle âme.

Peut-être, entre les mains d'un autre, fût-elle devenue l'une de ces femmes qui passent sur la terre comme des anges, venus du ciel où ils retournent.

Mais Virgile ne savait pas aimer.

Il ne comprit point combien, à défaut d'innocence, il restait à sa jeune maîtresse de naïve chasteté.

Il chercha le plaisir, sans songer qu'il pourrait trouver le bonheur, et Pivoine fut initiée aux tristes enchantements de la vie du quartier Latin.

Comme il le lui avait promis jadis, elle fut la mieux mise des *femmes* d'étudiants.

Elle eut des robes de soie et des châles Ternaux.

Félicité suprême ! elle posséda une montre d'or, large comme une pièce de vingt sous. — Elle put accrocher à sa ceinture étroite les breloques scintillantes d'une châtelaine Pompadour.

Elle connut les délices d'un souper chez Dagneaux, après soirée trop courte dans une avant-scène des *Folies-Dramatiques.*

Elle polka au *château-Rouge.*

Elle valsa à *Mabille.*

Hélas! trois fois hélas! elle dansa le cancan à la *Chaumière* et à la *Chartreuse!*

Elle entendit résonner à son oreille les hardis compliments des bons amis de son *époux.*

Elle fuma, — des cigarettes d'abord, — des *Cinq sous*, peu de temps après, — et enfin des Panatellas, — le tout avec l'aplomb d'un sportman émérite.

Elle chevaucha à âne au bois de Boulogne et à cheval dans la forêt de Saint-Germain.

Elle chanta des gaudrioles.

Elle fit sa partie de dominos au café Procope et dans bien d'autres estaminets moins avouables.

Elle vécut enfin dans la flatteuse intimité des reines galantes du quartier.

Et tout cela la perdit peu à peu.

Elle restait fidèle à Virgile cependant, mais, sans s'en apercevoir, elle subissait la gangrène d'une démoralisation profonde.

Sa pudeur, ce divin manteau de la femme, s'en allait lambeaux par lambeaux, au souffle des paroles corruptrices.

La paysanne normande devenait grisette parisienne.

La pécheresse faisait son premier pas.

`Pauvre Pivoine!

Qu'il y avait loin, mon Dieu, des grands bois de Nodsmes, aux estaminets de la rue Saint-Jacques!

FIN DE LA DEUXIÈME PARTIE.

# TROISIÈME PARTIE.

## LA VIE D'ARTISTE.

## CHAPITRE XVII.

**Arsène Bâchu.**

Quelques amis qui veulent bien s'intéresser à nos livres, voyant par hasard les *épreuves* du premier volume de Pivoine, et remarquant ces deux mots: *les Pécheresses*, en tête de ces feuilles, ont bien voulu nous témoigner quelque inquiétude à ce sujet.

Sachant à merveille que les gens de lettres se laissent prendre trop souvent aux paradoxes les plus fâcheux, ils craignaient que dans la série commencée par Pivoine sous ce titre collectif : *les Pécheresses*, nous n'entreprissions follement la réhabilitation de la femme galante.

Nous croyons devoir compte à nos lecteurs de la réponse faite à ces bienveillants conseillers.

Non certes, nous n'avons jamais songé à relever aux yeux du monde, par des arguments mensongers, ces pauvres créatures perdues qui, le plus souvent, descendent dans la boue par leur faute et y restent parce qu'elles n'ont point le courage d'en sortir.

Non certes, nous ne marchons point sur les traces honteuses de monsieur Alphonse Esquiros, jadis le Tyrtée des Lupanars, — aujourd'hui le chantre de la guillotine.

Nous aimons à répéter avec Victor Hugo ces belles paroles, pleines d'une évangélique charité:

Oh! n'insultez jamais une femme qui tombe!

Mais nous ne pensons pas qu'il soit bon de diviniser la femme après sa chute.

A toutes les époques, la galanterie vénale fut une des plaies de la société, nous croyons qu'il est moral d'étudier cette plaie sous ses aspects, même les plus repoussants, et c'est ce que nous ferons si Dieu nous prête vie.

Dans *les Pécheresses*, tout n'appartiendra point d'ailleurs au domaine de l'invention pure.

Quelques-unes de ces études reposeront sur une donnée historique. — Il en sera ainsi pour *Phryné* dans les temps antiques, — Ainsi pour la belle *Imperia*, pour la *Bacchante*, pour *mademoiselle Duthé*.

Quant aux tableaux contemporains, *Mignonne, la belle aux cheveux d'or,* etc... etc... les traits saillants en seront toujours vrais, et des figures bien connues se dessineront sur la trame du récit.

Tant pis pour ceux qui nous blâmeront sans nous comprendre, — ce n'est pas pour eux que nous écrivons.

———

Arsène Bâchu, que nos lecteurs ont entrevu déjà dans une avant-scène de Bobino, tout bouffi d'orgueil par le succès de sa pièce de *Madelinette,* était né à Rouen en 1820.

Il était fils unique, et il perdit sa mère avant d'avoir pu la connaître.

Son père, marchand de laines en gros à l'enseigne bien connue du *Mérinos couronné,* le laissa orphelin à l'âge de quinze ans.

Arsène eut un tuteur honnête homme qui sachant administrer habilement sa fortune, puis la liquider à propos, remit entre les mains de son pupille (lorsque, atteignant sa dix-huitième année, ce dernier fut émancipé), les titres réguliers de huit bonnes mille livres de rentes, solidement placées en rentes sur l'État.

Arsène avait reçu l'incomplète et vulgaire éducation universitaire du collége de sa ville natale, et n'en avait profité ni plus ni moins qu'un autre, c'est-à-dire, que sa philosophie achevée, il était sorti de l'école, — rempli de suffisance, — superficiellement instruit, — mais au fond parfaitement ignorant.

Jusque-là il n'y avait pas grand mal. — Qu'importait au monde après tout, qu'Arsène Bâchu fût de la race des aigles, ou de celle de ces oiseaux tant dépréciés, et qui pourtant ont sauvé Rome.

Mais hélas, *les amplifications* des cours de rhétorique et la lecture de quelques poëtes et romanciers célèbres, avaient éveillé dans l'esprit de l'adolescent les instincts littéraires les plus déplorables.

Il se disait tout bas qu'il serait un grand homme, et d'avance il choisissait sa place parmi la moderne pléïade.

Sitôt qu'il se trouva libre de son temps et de ses actions, il se mit à dévorer indistinctement toutes les productions, poétiques, historiques, romanesques et romantiques, postérieures à la grande révolution littéraire de 1830.

Seulement, il est bon d'ajouter qu'il accueillit avec un égal enthousiasme les chefs-d'œuvre et les rapsodies, et que souvent, grâce à un jugement singulièrement faux, il trouvait à ces platitudes un *ragoût* surhumain.

Une fois cuirassé de pied en cap, Arsène voulut faire ses premières armes, et le feuilleton du *Mémorial rouennais* reçut successivement une nouvelle intitulée : *Dom Pablo le tueur de femmes*, et une ode en quarante et une strophes : *les Rivales espagnoles*.

Nous demandons la permission de citer le début de cette pièce originale, qui n'avait pas coûté à son auteur moins de six semaines de travail :

Oh mon cœur, bats moins fort ! Tais toi, mon cœur ! Ecoute
  La voix qui parle dans la nuit...
Est-ce un appel d'amour ? — Ah ! c'en est un, sans doute,
  De la femme qui me poursuit !!!

Depuis qu'elle me vit, la brûlante Andalouse,
    Du haut de son grand balcon noir,
e crois, sur mon honneur, qu'elle est un peu jalouse,
    Et qu'elle me cherche le soir !

Elle est brune, elle est souple, et plus d'un gentilhomme
    Se damnerait pour ses appas !
Oui, — Mais moi j'aime ailleurs, et, quoiqu'on la renomme,
    De son amour je ne veux pas !!!

Celle que j'ai choisie est, ma foi, bien plus belle,
    Et son cœur est beaucoup plus pur !
C'est une Aragonnaise à la vive prunelle
    Où se mire le ciel d'azur...
    Etc..., etc...

Suivaient *trente-sept* strophes dans ce goût.

Cependant, comme le jeune Arsène avait quelque fortune, il trouva des flatteurs qui, moyennant un nombre raisonnable d'invitations à dîner, démontrèrent au débutant qu'il n'avait qu'à vouloir pour culbuter Victor Hugo et s'asseoir à sa place.

Mais Arsène, qui était bon prince, répondit modestement qu'il ne voulait détrôner personne et qu'il y avait assez d'espace en ce monde pour Victor Hugo et pour lui.

Cette réplique excita tout l'enthousiasme de la petite cour du jeune homme.

De son côté, le directeur du *Mémorial rouennais*, démontra à Arsène qu'il ne pouvait mieux faire que de devenir actionnaire de la feuille dont sa prose et ses vers étaient déjà les plus fermes soutiens.

Le brave garçon donna cinq mille francs et chaque numéro du journal reçut quelqu'une de ses élucubrations.

Trois années se passèrent ainsi, puis enfin un jour, Arsène, blasé sur les adulations de son entourage, résolut d'ouvrir ses ailes dans un espace plus large, de regarder le soleil face à face, ou, pour parler un langage moins prétentieux, d'aller récolter à Paris, la riche moisson de gloire et d'or que lui promettait son talent.

Il partit.

Ceci nous reporte au commencement de l'année 1843.

Le premier souci du provincial en arrivant, fut de se loger d'une façon convenable.

Il trouva, rue de Vaugirard, — non loin de ce cénotaphe dramatique qu'on appelle l'Odéon, — il trouva, disons-nous, un joli petit appartement qu'il meubla presque en entier, dans le style oriental, avec des tapis et des nattes, des divans bas, des cassolettes et des narguillés.

Le cabinet de travail, seul, fut d'un *Pompadour* coquet.

Arsène avait lu *Jérôme Paturot*, et la façade rutilante de l'architecte chevelu lui avait donné au suprême degré l'horreur des ameublements *moyen âge*.

Une fois installé, le jeune Rouennais songea à tirer parti des œuvres inédites qu'il avait en portefeuille...

Il se vêtit de noir, se ganta de blanc, et alla porter à la *Revue des Deux-Mondes* une *Méditation harmonique* qu'il avait jugée trop remarquable pour l'abandonner aux suspectes lumières d'un public de province.

— *Margaritas ante porcos!* — se disait Arsène à lui-même.

De la *Revue des Deux-Mondes* il passa à la *Presse* et remit dans les bureaux un paquet soigneusement cacheté, contenant le manuscrit *des Trois-Pendus*, roman en quatre volumes.

Au bout de quinze jours, il reçut deux enveloppes cachetées, aussi larges que des dépêches ministérielles, et portant les timbres, l'une de la *Presse*, l'autre de la *Revue*.

Arsène caressa sa moustache blonde et pâle, et se dit en rompant le cachet de la première lettre :

— Seraient-ce déjà des épreuves ?

Et il lut :

« *Monsieur*,

« *Vos vers sont infiniment remarquables,*

mais nous nous sommes imposé la loi de n'admettre dans la Revue que des noms déjà connus et aimés du public.

« Croyez bien, monsieur, que nous regrettons vivement de ne pouvoir faire une exception en votre faveur.

« *Agréez, etc...* »

— Bah ! — s'écria Arsène stupéfait, — et la missive lui tomba des mains.

— Voyons l'autre ! — ajouta-t-il en entr'ouvrant, mais non sans défiance, la deuxième enveloppe.

Voici ce qu'elle contenait :

« *Monsieur*,

« *Votre roman renferme d'éminentes qualités d'intérêt et de style, aussi nous regrettons bien* vivement que des traités antérieurs nous empêchent de le publier.

« *Agréez*, etc...

— Les paltoquets! — fit l'homme de lettres indigné, — les paltoquets!... — ils sont plus à plaindre qu'à blâmer d'ailleurs! — dans leur ineptie, ils ne savent ce qu'ils font! — Mais patience! quand un jour ils viendront ramper à mes pieds pour avoir de ma prose, je leur tiendrai la dragée haute! — Et puis, que m'importent, après tout, et les journaux et les revues? il y a des éditeurs à Paris! — Allons, en route, et sans perdre de temps! — Ils m'apprécieront, ceux-là! — Oui, ventre de biche, ils m'apprécieront!

Arsène feuilleta l'*Almanach des vingt-cinq mille adresses*, inscrivit quelques noms sur son agenda, prit une voiture, alla se faire restituer aux bureaux de la *Presse* le volumineux manuscrit des *Trois Pendus*, et donna l'ordre au cocher de le conduire rue de la Harpe.

FIN DU PREMIER VOLUME.

# TABLE.

Pages.

**PREMIÈRE PARTIE. — L'AVANT-SCÈNE DE BOBINO.**

| | | |
|---|---|---|
| Chap. I. | L'atelier | 3 |
| Chap. II. | Une toilette d'artiste | 21 |
| Chap. III. | Un mystère | 39 |
| Chap. IV. | Une première représentation | 55 |
| Chap. V. | Un baisser de rideau | 79 |

**DEUXIÈME PARTIE. — LES DÉBUTS D'UNE PÉCHERESSE.**

| | | |
|---|---|---|
| Chap. VI. | Coup d'œil en arrière | 97 |
| Chap. VII. | L'arrivée | 119 |
| Chap. VIII. | La première nuit | 141 |
| Chap. IX. | La première nuit (*suite*) | 161 |
| Chap. X. | La première nuit (*suite*) | 183 |
| Chap. XI. | A la bonne foi | 205 |
| Chap. XII. | Les époux Carcan | 217 |
| Chap. XIII. | Armodius | 233 |
| Chap. XIV. | Virgile | 249 |
| Chap. XV. | Le cabinet particulier | 269 |
| Chap. XVI. | Le cabinet particulier (*suite*) | 281 |

**TROISIÈME PARTIE. — LA VIE D'ARTISTE.**

| | | |
|---|---|---|
| Chap. XVII. | Arsène Bàchu | 299 |

EN VENTE

# LES AMOURS D'UN FOU

## Par Xavier de Montépin.

4 volumes in-8.

SOUS PRESSE

# LES CONFESSIONS D'UN BOHÊME

## Par Xavier de Montépin.

CORBEIL, imprimerie de CRÉTÉ.

www.ingramcontent.com/pod-product-compliance
Lightning Source LLC
Chambersburg PA
CBHW062010180426
43199CB00034B/2081